Heinrich Dechen

Geologische und mineralogische Litteratur der Rheinprovinz

und der Provinz Westphalen, sowie einiger angrenzenden Gegenden

Heinrich Dechen

Geologische und mineralogische Litteratur der Rheinprovinz
und der Provinz Westphalen, sowie einiger angrenzenden Gegenden

ISBN/EAN: 9783744675055

Hergestellt in Europa, USA, Kanada, Australien, Japan

Cover: Foto ©ninafisch / pixelio.de

Weitere Bücher finden Sie auf **www.hansebooks.com**

GEOLOGISCHE UND MINERALOGISCHE

LITTERATUR

DER

RHEINPROVINZ UND DER PROVINZ WESTPHALEN

SOWIE EINIGER ANGRENZENDEN GEGENDEN

VON

Dr. H. von DECHEN,

WIRKLICHEM GEH. RATH UND OBERBERGHAUPTMANN A. D.

BONN,

VERLAG VON A. HENRY.

1872.

Vorwort.

Als ich vor zwei Jahren den ersten Band der Erläuterungen der geologischen Karte der Rheinprovinz und der Provinz Westphalen herausgab, hatte ich die Hoffnung, dass es mir wohl gelingen dürfte in diesem Zeitraume wenigstens einen Theil des zweiten Bandes, wenn nicht den ganzen zweiten Band folgen zu lassen. Diese Hoffnung ist aber nicht in Erfüllung gegangen und es dürfte über die Vollendung desselben noch eine längere Zeit verfliessen. Als eine Vorarbeit erschien die Zusammenstellung der geologischen und mineralogischen Litteratur nothwendig. Dieselbe ist schon seit längerer Zeit vollendet und da sie manchem Geologen, der sich mit den betreffenden Gegenden befasst, von einigem Nutzen sein dürfte, so habe ich mich entschlossen, dieselbe schon gegenwärtig zu veröffentlichen. Die folgenden Blätter mögen gleichzeitig auch den Beweis liefern, dass die Bearbeitung des zweiten Bandes der Erläuterungen, wenn auch nur langsam fortschreitet.

Bonn, 2. April 1872.

v. Dechen.

Litteratur.

Chronologisch und innerhalb der einzelnen Jahre alphabetisch geordnet.

1755.
Trembley, A., On the stones in the country of Nassau and the territories of Treves and Cologne, ressembling of the Giants-Causeway of Irland. Phil. Trans. 1755.

1766.
Collini, C., Description de plusieurs mines de Mercure du duché de Deux Ponts, et de quelques autres endroits du voisinage, avec des observations sur ces mines, et une nouvelle méthode de les distribuer. Acta academiae Theodoro-Palatinae. Vol. I. Mannheim S. 505—538.

1767.
Cancrinus, F. L., Beschreibung der vorzüglichsten Bergwerke in Hessen, in dem Waldeckischen, an dem Haarz, in dem Mansfeldischen, in Chursachsen und dem Saalfeldischen. Frankf. a. M.

1768.
Hüpsch, J. W. C. A. Freih. v., Neue in der Naturgeschichte von Niederdeutschland gemachte Entdeckungen einiger seltenen und sehr wenig bekannten versteinerten Schaalthiere. Mit Kupf. Frankfurt u. Leipzig.

1771.
Collini, C., Von einer Seifenerde bei Berweiler in der Herrschaft Kirn. Bemerk. der kurpfälz. physik. u. ökonom. Gesellschaft vom Jahr 1771. S. 143 ff.

Hüpsch, J. W. C. A. Baron de, Nouvelle decouvertes sur quelques testacées pétrifiés rares et inconnus. Avec Figures. Cologne, Francofort et Leipsic.

Hüpsch, J. W. C. A. Freih. v, Neue Entdeckung des wahren Ursprungs des Cöllnischen Umbers oder der Cöllnischen Erde. Frankfurt u. Leipzig.

1773.
Anonym. Gesammelte Nachrichten von dem in den vereinigten Niederländischen Provinzen gebräuchlichen Cemente aus Trasse, oder gemahlenem Cöllnischen und Andernachischen Tuffstein. Dresden u. Leipzig.

1775.
Dörring, J., Nachricht von den sämmtlichen Bergwerken in den Herzogthümern Gülich und Berg. Bemerk. der kurpfälz. physik.-ökonom. Gesellschft vom Jahr 1775. S. 170 ff.

Suckow, G. A., Chemische Untersuchung des rheinländischen Mühlsteins. Bemerkungen der kurpfälzischen physikalisch-ökonomischen Gesellschaft vom Jahre 1775. Mannheim. S. 250 ff.

1776.
Beuth, F., Iuliae et montium subterranea, sivo fossilium variorum per utrumque ducatum hinc inde repertorum syntagma. Düsseldorf Fortsetzung unter demselben Titel. Düsseldorf 1779.

Collini, C., Journal d'un Voyage qui contient différentes observations minéralogiques, particulièrement sur les Agates et le Basalte. Mannheim.

Ferber, J. J., Bergmännische Nachrichten von den merkwürdigsten mineralogischen Gegenden der Herzogl. Zweibrückischen, Chur-Pfälzischen etc. Länder. Mietau.
Flad, J. D., Ueber die Verwandtschaft des Trasses und Bimssteins. Bemerkungen der kurpfälz. physik.-ökonom. Gesellschaft vom Jahr 1776. S. 165 ff.

1777.

Collini, C., Tagebuch einer Reise, welches verschiedene mineralogische Beobachtungen besonders über die Agate und den Besalt enthält. Aus dem Franz. übersetzt und mit Anm. begleitet von J. S. Schröter. Mannheim.
Suckow, G., Chymische Untersuchung des Backofensteins zu Bell. Bemerkungen der kurpfälz. physik.-ökonom. Gesellschaft vom Jahr 1777. S. 258 ff.

1778.

Hüpsch, J. W. C. Freih. v., Naturgeschichte des Niederdeutschlands etc. 1. Th. Mit ausgemalten Kupfern. (Enthält eiseler Versteinerungen.) Nürnberg.
Deluc, J. A., Lettres physiques et morales sur l'histoire de la terre et de l'homme. 1778—1780. La Haye.

1779.

Deluc, J. A., Physisch-moralische Briefe über die Berge und die Geschichte der Erde und des Menschen, übersetzt von Marcard. Leipzig.
Klipstein, P. E., Mineralogische Briefe. Drei Stück. Giesen.

1781.

Klipstein, P. E., Mineralogischer Briefwechsel. Erstes Bändchen. Zwoites Bändchen, 1784. Giessen.
Suckow, G. A., Mineralogische Beschreibung einiger Gegenden Zweibrückens. Bemerk. der kurpfälz. physik.-ökonomischen Gesellschaft für 1781.

1782.

Suckow, G. A., Mineralogische Beschreibung und chymische Untersuchung des natürlichen Turpeths (Chlorquecksilbers). Mannheim.

1783.

Voigt, J. E. W., Mineralogische Beschreibung des Hochstifts Fuld und einiger merkwürdigen Gegenden am Rhein und Main. Dessau und Leipzig.

1784.

Hamilton, W., Neuere Beobachtungen über die Vulkane Italiens und am Rhein, nebst merkwürdigen Bemerkungen des Abts Giraud Soulavie. Aus d. Franz. mit Bemerkungen. Frankf. und Leipzig.
Suckow, G. A., Beschreibung einiger merkwürdigen Abdrücke von der Art der sogenannten Calamiten. Mit Kupfern. (Bezieht sich auf Saarbrücken.) Acta Acad. Theodora Palatinae. S. 355—363.
— — Beschreibung einiger merkwürd. Abdrücke von der Art der sog. Calamiten, Comment. Acad. Theodoro-Palatinae. Bd. V.

1785.

Schönebeck, J. B. C. v., Ueberbleibsel erloschener Vulkane in einigen Gegenden des Niederrheins. Bonn. Verbessert u. vermehrt im Bönnischen Wochenblatt. 1787. S. 53—62.
Suckow, G. A., Ueber einige kurpfälz. Quecksilberbergwerke. Crell's Beiträge I.

1786.

Becher, J. P., Mineralogische Beschreibung des Westerwaldes, insbesondere der beiden Holzkohlenbergwerke zu Stockhausen und Horn. Berlin.
Merck, J. H., Troisième lettre sur les os fossiles d'Elephans et du Rhinoceros qui se trouvent en Allemagne. Darmstadt (enthält Geographisches über das Siebengebirge).

1788.

Beroldingen, Fr. Freih. v., Bemerkungen auf einer Reise durch die Pfälzischen und Zweibrückschen Quecksilber-Bergwerke. Herausgeg. von J. D. Brandis. Berlin.

Suckow, G. A. System. Beschreibung der vorzüglichsten in den rheinischen Gegenden bisher entdeckten Mineralien, besonders der Quecksilbererze. Vorlesungen der kurpfäl. phys.-ökonomischen Ges. Bd. III.

1789.

Becher, J. Ph., Mineralogische Beschreibung der Oranien-Nassauischen Lande. Marburg.

Langer, J. H. S. Beytrag zu einer mineralogischen Geschichte der Hochstifter Paderborn und Hildesheim. Leipzig.

Nose, C. W., Orographische Briefe über das Siebengebirge. 2 Bde. 1790. Frankfurt.

1790.

Humboldt, A. v., Mineralogische Beobachtungen über einige Basalte am Rhein. Mit vorausgeschickten Bemerkungen über den Basalt der älteren und neueren Schriftst. Braunschweig.

Wurzer, F., Phys.-chem. Beschreibung der Mineralquelle zu Godesberg. Bonn.

1791.

Nose, C. W., Orographische Briefe über das Sauerländische Gebirge in Westphalen. Frankfurt.

— — Verzeichniss einer Sammlung niederrheinischer und westphälischer Gebirgsarten. Frankfurt a. M.

Stucke, K. H., Vom Wildunger Brunnen. Leipzig.

1792.

Cramer, L. W., Vollständige Nachricht von dem Hollerter Zuge, einem wichtigen Eisensteinwerke. Bergmänn. Journal, herausgeg. von Köhler und Hoffmann Jahrg. 5. Bd. 2. S. 337—362 und S. 425—459.

Nose, K. W., Beiträge zu den Vorstellungsarten über vulkanische Gegenstände. Frankfurt a. M.

1793.

Forster, G., Ansichten vom Niederrhein, von Brabant u. s. w. Theil 1. S. 3—201 (von Bingen bis Aachen), (im Ganzen 3 Th.). Reise April, Mai, Juni 1790.

Stucke, C. H., Chemische Untersuchungen einiger niederrheinischen Fossilien, eines Vesuvians und des Wassers im Basalt. Frankfurt.

1795.

Nose, K. W., Sammlung einiger Schriften über vulkanische Gegenstände und den Basalt. Frankfurt.

Schreiber, J. Gottfr., Description des mines de mercure du Palatinat et du pays de Deux-Ponts. Journal des mines Vol. 1. No. 6. p. 69—78.

— — Suite de la Description des mines de mercure du Palatinat et du pays de Deux-Ponts. ib. Vol. 2. No. 7. p. 1—24.

— — Rapport sur les mines situées dans le grand-baillage de Trarbach, faisant partie du duché de Deux-Ponts, sur la rive droite de la Moselle, ib. Vol. 2. No. 11. p. 43—68.

Vauquelin, L. N., Analyses de quelques minérais du grand-baillage de Trarbach, cités dans le mémoire précédent. ib. Vol. 2. No. 11. p. 69—74.

1796.

Baillet, Observations sur la mine de calamine de la Grande montagne, dans le pays de Limbourg. Journ. d. Min. Vol. 3. No. 13. p. 43—48.

Schreiber, J. Gottfr., Rapport sur les mines de Mercure de Landsberg près d'Obermoschel. ib. Vol. 3. No. 17. p. 33—51.

Stucke, K. H., Beschreibung des basaltischen Lämmersberges bei Arolsen. Crell's Beiträge IV.

1797.

Beurard, J. B., Rapport sur la mine de cuivre de Fischbach. Journal des mines Vol. 6. No. 34. p. 797—804.

Fröhlich, Beschreibung der westphälischen Pforte. Bückeburg.

Nose, K. W., Beschreibung einer Sammlung von meist vulkanisirten Fossilien. Frankf.

Schreiber, J. Gottfr., Rapport sur les mines de Mercure de Stahlberg, situées dans le grand baillage de Meisenheim. Journ. d. Min. Vol. 5. No. 25. p. 33—48.

1798.

Beurard, J. B., Rapport sur quelques de mercure situées dans les nouveaux départemens de la rive gauche du Rhin. Journ. d. m. Vol. 7. No. 41. p. 321—360.

— — Rapport abrégé sur le mines de houille des environs de Meisenheim, ci-devant pays de Deux-Ponts. ib. Vol. 8. No. 44. p. 609—614.

Cavillier, Mémoire sur les alunières du pays de Nassau-Saarbrück aujourd'hui dép. de la Sarre. ib. Vol. 8. No. 46. p. 763—788.

Faujas, de St. Fond, Barth., Mémoire sur la terre d'ombre ou terre de Cologne ib. Vol. 6. No. 36. p. 893—914.

Kortum, C. G. Th., Vollständige physikalisch-medicinische Abhandlung über die warmen Mineralquellen und Bäder in Aachen und Burtscheid. Dortmund.

1799.

Cramer, L. W., Mineralogische Anzeige über ein paar neuerlich aufgefundene grosse Merkwürdigkeiten im Eisenstein aus dem Hachenburgischen und Isenburgischen. Der Gesellsch. naturforsch. Freunde zu Berl. Neue Schriften Bd. 2. S. 292—302.

Karsten, D. L. G., Die mineralogische Beschaffenheit der Steinkohlenflötze am Dickeberge, Buchholz und Schafberge im Lingenschen. ib. Bd. 2. S. 268—273.

1800.

Stucke, K. H. u. *Castringius, L.*, Ueber den Schwelmer Gesundheitsbrunnen. Dortmund.

1801.

Habel, Ch. F., Etwas von der Naturgeschichte der 2 Stunden von Mainz gelegenen Stadt Wiesbaden. Der Gesellsch. naturf. Freunde zu Berlin. Neue Schriften. Bd. 3. S. 95—103.

Ritter, G. H., Physikalische Erscheinungen und Versuche der warmen Quellen in Wiesbaden am Fuss des Taunusgebirges. ib. S. 104—117.

1802.

Duhamel, J. P. F., Extrait d'un rapport sur les mines de fer, de plomb et de calamine du ci-devant pays de Juliers, départ. de la Roer. Journ. d. Min. Vol. 11. No. 63 p. 193—208.

Faujas de St. Fond. Barth., Mémoire sur le Trass ou Tuffe volcanique des environs d'Andernach; avec planche. Annals du Muséum national d'histoire naturelle. Tome 1. Paris. p. 15-26.

— — Description des carrières souteraines et volcaniques de Niedermennich, à trois lieues d'Andernach, d'ou l'on tire des laves poreuses, propres à faire d'excellentes meules de moulins. Avec planches. Ibid. p. 181—193.

— — Description des mines de Turffa des environs de Bruhl et Liblar, connues sous la dénomination impropre de mine de terre d'ombre ou terre brune de Cologne

(Braunkohlen). Avec planches. Annals du Muséum nat. d'histoire naturelle T. 1. Paris, p. 445—460. Uebersetzung s. 1803.

Hauy, R. I., Note sur les prétendue Zeolithe rayonante du duché des Deux Ponts. (Prehnit von Reichenbach.) Ibid. T. I. Paris. p. 194—197.

1803.

Dethier, Coup-d'oil, sur les anciens volcans éteints de la Kyll supérieure, avec une esquisse géologique d'une partie des pays entre Meuse, Moselle et Rhin. Paris.

Faujas de St. Fond, Barth., Beschreibung der Turfgruben bei Brühl und Liblar, wo die braune köllnische Erde oder die sogenannte köllnische Umbraerde gegraben wird. Annal. d. Phys. L W. Gilbert. Bd. 14. S. 433—458.

Hövel, F. v., Beitrag zur Kenntniss des Gebirges, aus welchem die heissen Quellen zu Aachen und Burtscheid hervorkommen. In W. Aschenberg, Niederrheinisch-westfälische Blätter. Bd. 3. S. 43 bis 64. Dortmund.

Jordan, I. L., Miner. berg- und hüttenm. Reise-Bemerkungen, vorzüglich in Hessen, Thüringen, am Rhein und im Sayn-Altenkirchener Gebiete. Göttingen.

Lenoir, Notice sur les mines de plomb sulfuré de Bleiberg. Journ. de min. Vol. 14. No. 81. p. 190—193.

Schmidt, Joh., Wanderung nach dem Bleiberge bei Roggendorf und von dort nach den Eisenbergwerken bei Kall und Sötenich. W. Aschenberg, Niederrh.-westf. Blätter. Bd. 3. S. 643—701 und Bd. 5. 1805. S. 1—18.

Ullmann, I. Chr., Mineralogische berg- und hüttenmännische Beobachtungen über die Gebirge u. s. w. der Hessen-Casselschen Landschaft an der Edder. Marburg.

1804.

Benzenberg, J. F., Von den Braunkohlen- oder Umbraerde-Lagern bei Cölln. Ann. d. Phys. Gilbert. Bd. 16. S. 376—381.

Cramer, L. W., Bergrath. Kurze Uebersicht des Sainischen Berg- Hütten- und Hammerwesens. Annalen der Herzogl. Societät f. die ges. Mineralogie zu Jena. Bd. 2. Jena. S. 189—200.

Eversmann, F. A. A., Uebersicht der Eisen- und Stahlerzeugung in den Ländern zwischen Lahn und Lippe. Angefügt eine Uebersicht jener Fabrikation in den vorliegenden französischen Departements. Mit Kupfern u. Karten. Dortmund.

Lenoir. Deuxième Notice sur les mines de plomb de Bleiberg. Journ. d. Min. Vol. 16. No. 92. p. 157—160.

Ritter, G. H., Chemische Analyse der warmen Quellen in Wiesbaden. Ann. d. hers. Societ. f. d. ges. Min: zu Jena. S. 155—172.

Schlotheim, E. F. v., Flora der Vorwelt oder Beschreibung merkwürdiger Kräuterabdrücke und Pflanzenversteinerungen. Gotha. 1. Abth. 14 Taf.

Werner, I. T., Geognostische Wahrnehmungen über die erste Entstehung des Lahnthales und der Berge bei Wetzlar. Annalen der Herzogl. Societät für die gesammte Mineralogie zu Jena. Jena. Bd. 2. S. 101—110.

1805.

Faujas de Saint-Fond., Barth., Voyages géologiques depuis Mayence jusqu'à Oberstein. Annals du Muséum national d'histoire naturelle. Tome V.
— — Voyage mineralogique à Oberstein. Ibid.
— — De la préhnite du Duché de Deux-Ponts. ib.

Gilbert. L. W., Ueber die Natur der Schwefelwasser nach den Untersuchungen von Westrumb. (Eilsener Schwefelquellen.) Ann. d. Phys. Gilb. Bd. 21. S. 354—376.

1806.

Hövel, F. v., Geognostische Bemerkungen über die Gebirge in der Grafschaft Mark. Hannover.

1807.

Dartigues, Sur les mines de plomb du Bleiberg, Dép. de la Roer. Journ. d. Min. Vol. 22. No. 131. p. 341—360.

Faujas de St.-Fond, Barth., Voyage géologique à Oberstein. (Aus den Ann. du Mus. d'hist. nat.) Paris.

Leonhard, K. C., Die Quecksilberbergwerke auf dem linken Rheinufer. Taschenbuch f. d. ges. Mineralogie herausg. von C. C. Leonhard. Jahrg. 1. S. 20—73.

— — Das Maynthal zwischen Hanau und Frankfurt, ib. S. 74—103. (Taunus.)

Masson, C. F. P., Notice historique et déscriptive des bains de Berteric. Coblence.

Stifft, C. E., Ueber einige durch Grauwacke versteinerte Schlangen. Taschenbuch für die gesammte Mineralogie herausgegeben von C. C. Leonhard. Jahrg. 1. N. 3—12.

— — Ueber einige, noch wenig bekannte Trappgebirgsarten aus dem Dillenburgischen. Ib. S. 13—19.

— — Beiträge zu einer Beschreibung der Gangformationen in den Fürstenthümern Dillenburg und Siegen. Efemeriden der Berg- und Hüttenkunde. C. E. Freih. von Moll. Bd. 3. S. 377—399.

1808.

Achenbach und *I. D. Engels*, Taschenbuch für Berg- und Hüttenleute für das Jahr 1808. Siegen. (Mineralogisches aus dem Siegenschen enthaltend.)

Calmelet, F. T., Rapport sur les anciennes mines de plomb, cuivre et argent des environs de Trarbach (Rhin-et-Moselle). Journ. d. Min. Vol. 24. No. 140. pag. 81—104.

Cramer, L. W., Nachrichten von einigen merkwürdigen Fossilien aus den Gegenden am Rhein, an der Lahn, der Wiedbach und auf dem Westerwalde. Efemeriden d. Berg- u. Hüttenk. Freih. v. Moll. Bd. 4. S. 38—70.

Engels, I. D., Die Landeskrone am Ratzenschind, ein Beitrag zur Siegenschen Bergwerksgeschichte. Siegen.

Hausmann, I. F. L., Ein Paar mineralogische Bemerkungen über die Gegend von Aachen. D. Gesellsch. naturforsch. Freunde zu Berlin Magazin f. d. neu. Entdeck. i. d. ges. Naturk. Jahrg. 2. S. 194—207.

Noeggerath, I. I., Mineralogische Studien über die Gebirge am Niederrhein. Frankf. a. M.

Omalius-d'Halloy, I. B. I., Essai sur la Géologie du Nord de la France. 8. région. L'Eifel. Journal des Mines. Vol. 24. No. 143. p. 367—392. Le Hundsruck, Le Luxembourg, le Palatinat et résumé ib. No. 144. p. 439—466.

Stifft, C. E., Mineralogisch-geognostische Skizze des Fürstenthums Corvey. Taschenb. f. d. ges. Min. C. C. Leonhard. Jahrg. 2. S. 81—130.

— — Ueber das Vorkommen der Bergseife im Nassauischen. Efem. d. Berg- u. Hüttenk. Bd. 4. S. 31—37.

1809.

(Anonym). Vom Steingebilde des Siebengebirgs am Niederrhein ib. S. 363—371.

Bonnard, A. H. de, Sur les mines de houille du pays de Sarrebrück. Journ. des Min. Vol. 25. No. 149. p. 373—400.

Blumhof, I. G. C., Bergmänn. Beobachtungen über den Eisensteinbergbau in einem Theile des briloner Oberb.-Reviers im Herrz. Westphalen. Neue Jahrbücher d. Berg- u. Hüttenkunde. C. E. Freih. v. Moll. Bd. 1. S. 354. 362.

Calmelet, F. T., Extrait d'un rapport sur la mine de Weiden (Sarre), précédé d'un aperçu géol. do la vallée do la Nahe. Journ. d. min. Vol. 25. No. 146. p. 139—157.
— — Mémoire statistique sur les richesses minérales du dép. de Rhin-et-Moselle. Ib. No. 148. p. 257—312; ib. No. 149. p. 321—373.
— — Statistische Beschreibung der mineralischen Reichthümer des Departements von Rhein und Mosel. Handbuch für die Bewohner des Rhein- und Mosel-Departements f. d. J. 1809. Coblenz. S. 161—288. Die Fortsetzung in franz. Sprache. Handbuch etc. für 1812. S. 29—120.
Leonhard, C. C., Charakteristik des phosphorsauren Kupfers. Annalen der Wetterauischen Gesellschaft f. d. ges Naturkunde. 1. Bd. S. 83—88. Frankf. a. M.
Nose, C. W., Vom Kryptischen des Dolomians am Niederrhein. Ibid. Bd. 1. S. 89—93. Frankf. a. M.

1810.

Bouesnel, Mémoire sur les mines de plomb du Bleiberg Journ. d. m. Vol. 27. No. 159. p. 161—1820.
Reumont, G. et *Monheim, I. P. I.*, Analyse des eaux sulfureuses d'Aix-la-Chapelle. Aix-la-Chapelle.

1811.

Opération du jaujage des sources d'eau thermale et des dégrés de la temperature pris le 17 Avril 1811 à Borcette et Aix-la-Chapelle par l'ingénieur en chef des ponts et chaussées. In Mercure du Departement de la Roër. II. année. Cologne. p. 457—460.
Leonhard, C. C., Ueber den Kreuzstein von Oberstein. D. Gesellsch. naturf, Freunde zu Berlin Mag. u. s. w. Jahrg. 5. S. 133—134.
Monheim, I. P. I., Analyse des eaux thermales de Borcette. Aix-la-Chapelle, Paris, Frankfurt a. M.
Noeggerath, J. J., Description miner. du gisement de la Braunkohle dans la colline de Pützberg, près de Friesdorf, dép. de Rhin-et-Moselle. Traduite par Beurard. Journ. d. m. Vol. 30. No. 179. p. 335—372.
Rimrod, F. A., Beschreibung des Durchrisses eines Basaltfelsen unter dem ebenfalls basaltischen Stoppelberge bei Wetzlar. M. Zeichnung. Annalen der herzogl. Societät f. d. ges. Mineralogie zu Jena. Bd. 3. Jena S. 236—244.
Stromeyer, Fr., Analyse der Eilsener Schwefelwasser. Ann. d. Phys. Gilbert. Bd. 38. S. 468—469.

1812.

Statistique minéralogique et industriel du Dép. de la Roër. Mercure du Dép. de la Roër III. année. Cologne p. 753—761.
G. G. B., Explication d'un passage de Tacito (angebl. Vulkan bei den Jubonen.) Ibid. p. 675—680.
Calmelet, F. T., Description géol., minér. et stat. des minières de fer de l'arrond. de Prüm, dép. de la Sarre. Journ. d. m. Vol. 32. No. 187. p. 5 42.
— — Description géol., minér. et stat. des mines de fer de Lommersdorf, arrond. de Prüm, dép. de la Sarre. ib. No. 188. p. 119—132.
— — Description des anciennes mines de plomb de Rescheid, dép. de la Sarre, ib. No. 189. pl 161—170.
Clère, I F., Sur le gisement du Braunkohl, dite terre d'ombre dans le Département de la Roër. Mercure du Dep. de la Roër III. année. Cologne. S. 260—261.
Noeggerath, J. J., Ehlit von Ehl bei Linz am Rhein. Taschenb. f. d. ges. Min. C. C. Leonhard. Jahrg. 6. S. 356—357.

Noeggerath, J., Mineralogische Notizen. Neue Jahrb. d. Berg- u. Hüttenkunde. (Freiherr v. Moll.) Bd. 2. S. 362—3·2.

— — Die Gebirgsarten des Siebengebirges, ib. S. 426—429.

— — Grauspiessglanzerz bei Untrop, unweit Arnsberg. ib. S. 449—451.

Senff, C. Th., Beschreibung des Salzwerks Rothenfelde im Fürstenth. Osnabrück. Neue Jahrb. d. Berg- und Hüttenk. (Freih. v. Moll) Bd. 2. S. 56—186.

1813.

Alpen, van, Tacite. De l'origine des bains d'Aix-la-Chapelle et des houilles d'Eschweiler. (Angebl. Vulkan bei den Jubonen.) Mercure du Départ. de la Roër. IV. année, p. 422—426.

Alpen, van, Reponse à M. C. G. B., Sur un passage de Tacite et de Pline. Ibid. p. 577—583.

G. G. B., Sur le passage de Tacite concernant les Juhons. Ibid. p. 548—551.

Stifft, C. F., Beiträge zur Gebirgskunde des Herzogth. Nassau. Taschenb. f. d. ges. Min. C. C. Leonhard. Jahrg. 1. S. 202 - 210 u S. 315—340.

1814.

Beurard, J. B., Notice sur les houillières de Borgloh. Journal des Min. Vol. 36. No. 211. p. 63—72.

— — Extrait d'un rapport sur la saline de Rothenfelde, ib. No. 216. p. 445—458.

Calmelet, F. T., Description des anciennes mines de plomb de Bleialf, arrond. de Prüm. dép. de la Sarre, ib. Vol. 35. No. 208. p. 261—276.

— — Description de la mine de manganèse de Grettnich, dép. de la Sarre, précédé d'un rapide aperçu de la richesse minérale et de la géologie de ce dép. ib. p. 277—292.

Clère, J. F., Mémoire sur la constitution géol. du bassin houillier d'Eschweiler, situé dans le pays de Juliers, et sur celle des terrains, qui le renferment et l'environnent, ib. No. 212. p. 81—152.

Klaproth, M. H., Chemische Untersuchung des Nickel-Spiessglanzerzes von Freusburg. Der Gesellsch. naturf. Freunde zu Berlin Mag. u. s. w. Jahrg. 6. S. 71—74.

Noeggerath, J., Der Bleiberg im Roër-Departement, beschrieben in mineralogischer Hinsicht. Annalen der Wetterauischen Gesellschaft. 2. Bd. S. 29—40. Französisch in Bulletin de la Socéité des Sciences d'Orleans. 4. année. No. 40.

— — Gangformationen zwischen Cöln und Coblenz. Taschenbuch f. d. ges. Min. C. C. Leonhard. Jahrg. 8. S. 310—312.

— — Bleiglanz von Mittelacher, ib. S. 604—606.

— — Mineralogische Beschreibung des Eschweiler Kohlberges. D. Gesellsch. naturforsch. Freunde z. Berlin Mag. u. s. w. Jahrg. 6. 1 Taf. S. 113—120.

— — Ein kleiner Beitrag zur näheren Kenntniss der Spiessglanzerze, ib. S. 144-147.

Petazzi, F., Der Roisdorfer Brunnen bei Bonn. Ann. d. Phys. Gilbert. Bd. 46. S. 334—336. (Annal. de Chimie, Aout 1813.)

Schneider, C., Schalstein-Formation an der Lahn. Taschenb. f. d. ges. Min. C. C. Leonhard. Jahrg. 8. S. 307—310.

Schulze, W., Bemerkungen über das Gebirge in der Grafschaft Mark, besonders den Eisenstein- und Galmeibau daselbst betr., ib. S. 421—450.

Ullmann, J. Ch., Systematisch-tabellarische Uebersicht der mineralogisch-einfachen Fossilien mit erläuternden Bemerkungen und ausführlicher Beschreibung neu entdeckter Mineralien. Cassel und Marburg. (Enthält viel Einzelnes über rechtsrheinische Mineralien.)

1815.

Cramer, L. W., Fortgesetzte Nachrichten von einigen merkwürdigen Fossilien aus den Gegenden am Rhein, an der Lahn, der Wiedbach und auf dem Westerwalde. Neue Jahrb. d. Berg- u. Hüttenk. (Freih. v. Moll). Bd. 3. S. 363—394.

Engelhardt, M. r. und *Karl von Raumer*, Geognostische Versuche. Das Schiefergeb. d. nordwestl. Teutschlands, der Niederlande u. des nordöstl. Frankreichs, von K. v. Raumer S. 1—81. Berlin.

Klaproth, Chem. Untersuchung des Spinellans (Noscan vom Laacher-See). Beiträge zur chem. Kenntniss der Mineralkörper. Bd. 6. S. 371—376.

Noeggerath, J., Mineral. Beschreibung der Braunkohlen-Ablagerung auf dem Pützberge bei Friesdorf, nebst verschiedenen Bemerkungen über das ganze niederrheinische Gebilde der Art. Neue Jahrb. d. Berg- u. Hüttenk. (Freih. v. Moll). Bd. 3. S. 1—38 u. Taschenb. f. d. ges. Min. C. C. Leonhard. Jahrg. 9. S. 509—517.

— — Ueber eine Streiferei von Bonn zum Laacher-See. Neue Jahrb. d. Berg- u. Hüttenk. Bd. 3. S. 217—228.

1816.

Hövel, Fr. von, Geognostisches aus dem Herzogth. Westphalen. Arnsberger Wald ist flötzleerer Sandstein. Brief an Klaproth vom 6. Septbr. 1814. D. Gesellsch. naturforsch. Freunde z. Berlin. Mag. u. s. w. Jahrg. 7. S. 306—309.

Noeggerath, J., Ueber die sogenannte natürliche Bleiglätte; ein Hüttenprodukt von Stolberg. ib. S. 53—57.

1817.

Fiedler, K. G., Ueber die Blitzröhren und ihre Entstehung (Senne bei Paderborn). Ann. d. Phys. Gilbert. Bd. 55. S. 121—164.

Lecke, F., Beschreibung der Sundwicher Höhlen, des Felsenmeeres und des Hönnethales. Hagen.

Strack, W., Wegweiser durch die Gegend um Eilsen. Mit einer petrographischen Karte, Durchschnittsriss, Kupfern und Holzschnitt. Zweite Ausgabe. Bückeburg.

1818.

Nau, B. S. von, Ueber Pflanzenabdrücke und Versteinerungen aus dem Kohlenwerk St. Ingbert. Denkschriften der Münchener Akademie. VII. 1818—20.

Noeggerath, J., Vorkommen des Bimsstein-Konglomerats in der Gegend von Neuwied am Rhein. Taschenb. f. d. ges. Min. C. C. Leonhard. Jahrg. 12. S. 180—185.

Rode, J. G., Pflanzenabdrücke und Versteinerungen aus dem Kohlenwerke zu St. Ingbert. Denkschr. d. k. bayr. Ak. d. Wiss. zu München 1818—21.

Schulze, W., Der Stahlberg bei Müsen. Kurze Notiz aus einem Briefe vom 18. Octbr. 1816. D. Gesellsch. naturf. Freunde zu Berlin. Mag. u. s. w. Jahrg. 6. S. 239—240.

1819.

Clère, J. F., Observations sur la masse de fer trouvée à Aachen, décrite par Loeber comme fer météorique et citée dans le No. 186 du Journ. d. Min. Annales d. Min. Vol. 4. p. 501—503.

Fiedler, K. G., Ueber die Blitzröhren und ihre Entstehung (bei Rheine). Ann. d. Phys. Gilbert. Bd. 61. S. 235—248.

Keferstein, Ch., Beiträge zur Geschichte und Kenntniss des Basaltes. Halle.

Noeggerath, J., Ueber aufrecht im Gebirgsgestein eingeschlossene fossile Baumstämme und andere Vegetabilien. Mit Nachtrag 1821. Bonn.

Nose, C. W., Ueber die Bimssteine und deren Porphyre. Frankf. a. M.

Steininger, J., Geognostische Studien am Mittelrhein. Mainz.

1820.

Brandes, R., Chem. Untersuchung mehrerer Mineralien der Grafsch. Mark. Journ. f. Chem. u. Phys. Schweigger u. Meincke. Bd. 30. S. 129—168.

Keferstein, Ch., Die Basalt-Gebilde des westlichen Deutschlands. (Auszug aus dem noch nicht erschienenen Werke). Taschenb. f. d. ges. Min. C. C. Leonhard. S. 340—354.

— — Geognostische Bemerkungen über die basaltischen Gebilde des westlichen Deutschlands, als Fortsetzung der Beiträge u. s. w. Halle.

Merian, P., Geognostische Wanderung durch die überrheinische Pfalz. Taschenb. f. d. ges. Min. C. C. Leonhard. Jahrg. 14. S. 315—339.

Noeggerath, J, Analyse der Alaunerde von Friesdorf von Bergemann. ib. p. 573—575.

Schlotheim, E. F. Freih. v., Die Petrefactenkunde auf ihrem jetzigen Standpunkte. Gotha. Nachträge dazu 1822—23.

Schulze, W., Ueber die Quecksilber-Gruben in der Pfalz. Karsten, Archiv für Bergb. u. Hüttenk. Bd. 3. S. 36—65. Daraus in Taschenb. f. d. ges. Min. C. C. Leonhard. Jahrg. 16. S. 139—157.

Steininger, J., Die erloschenen Vulkane der Eifel und am Niederrhein. Mainz.

Sternberg, Casp. Graf v., Versuch einer geognostisch-botanischen Darstellung der Flora der Vorwelt. Leipzig. 2 Bde. (I. Bd. Heft 1—4 auch ins Französische übersetzt durch Graf de Bray).

1821.

Arndts, A. W., Bleivitriolerz auf der Grube Brüche bei Müsen (1817). Neue Jahrb. d. Berg- u. Hüttenk. (Freih. v. Moll). Bd. 4. S. 427.

Bonnard, A. H. de, Notice géogn. sur la partie occidentale du Palatinat Annal. des Mines Vol. 6. p. 505—584.

Brandes R., Ueber das erdige Eisenblau oder die sogenannte Blaueisenerde von Hillentrup im Lippschen. Journ. f. Chem. u. Phys. Schweigger u. Meincke Bd. 31. oder Jahrb. d. Chem. u. Phys. Schweigger. Bd. 1. S. 77—80.

Goldfuss, A., Osteologische Beiträge zur Kenntniss verschiedener Säugetiere der Vorwelt. Corvus giganteus von Lohe bei Emmerich, *Cervus elaphus fossilis* von Cöln. Verh. d. Kais. Leopold. Carolin. Akad. d. Naturforscher Bd. 10. Abth. 2. S. 455—494.

John, J. F., Analyse der sogenannten natürlichen Bleiglätte (gelbes Bleioxyd) von Eschweiler. Chemische Schriften. Bd. 6. S. 276—284. Jahrb. d. Chem. u. Phys. Schweigger Bd. 2. S. 106—113.

— — Chem. Untersuchung der rothen Bleierde von Call. Chem. Schrift. Bd. 6. S. 265—267. Jahrb. u. s. w. Bd. 2. S. 114—116.

— — Zerlegung der verhärteten Bleierde von Eschweiler. Chem. Schrift. Bd. 6. S. 267—269. Jahrb. u. s. w. Bd. 2. S. 117—118.

— — Chemische Untersuchung des Eisensteins von Düren. Chem. Schrift. Bd. 6. S. 299—306.

Keferstein, Ch., Darstellung der allgemeinen geognostisch. Verhältnisse in Teutschland. 4 u. 5. Kapitel. Teutschland geognost.-geol. dargestellt mit Karten und Durchschnitten. Bd. 1. S. 68—128. Weimar.

Manès, Notice sur les calamines d'Aix-la-Chapelle. Ann. d. Mines Vol. 6. p 489—504.

Schmidt, J. Ch. L., Darstellung mehrerer allgemeiner Verhäluisse der Gänge und der Beziehung derselben zur Formation des Gebirgsgesteins. (Beispiele aus den Rhein.-Westph. Gang-Rovieren). Karsten, Archiv f. Bergb. Bd. 4. S. 3—61.

Steininger, J., Neue Beiträge zur Geschichte der Rheinischen Vulkane. Mainz.

Wegeler, F. G., Einige Worte über die Mineralquelle zu Tönnisstein. 2. Aufl. Koblenz.

1822.

Anonym, Bemerkungen über das Liegende des Steinkohlengebirges in der Grafschaft Mark. Noeggerath, J., Das Gebirge in Rheinland-Westphalen nach mineralogischem und chemischem Bezuge. Bd. I. S. 1—16. Mit 2 Durchschnitten.

Hösel, e., Anmerkungen zu dem vorhergehenden Aufsatze, ib. S. 17—32.

— — Beilage zu den vorherigen Anmerkungen, ib. S. 33—50.

Bergemann, C., Miner. Beschreibung und chem. Untersuchung eines grünen kalzedonartigen Fossils vom Huidlberge im Bergischen, ib. S. 328—337.

Brandes, R., Miner. chem. Untersuchung zweier ausgezeichneter Abänderungen von Holzopal aus dem Siebengebirge. Noeggerath, ib. S. 338—350.

— — (G. Bischof und Noeggerath). Ueber den Lepidoknokit in miner. und chem. Beziehung, ib. S. 351 - 365.

Keferstein, Ch., Geognost.-geol. Bemerkungen über die heissen und warmen Quellen in Teutschland. Teutschl. geogn.-geol. dargestellt. Bd. 2. S. 7—14.

— — Geognost.-geol. Untersuchungen über das Steinsalz, die Salzquellen und die Salzbildung im Allgemeinen. Aus dem 4ten Abschnitte, ib. S. 301 - 348.

Noeggerath, J., Auszug eines Briefes, die Vergleichung der Eifeler Vulkane mit denen in Auvergne enthaltend, vom Grafen v. Montlosier, Das Gebirge in Rheinl.-Westph. Bd. I. S. 101 - 105.

— — Ueber einige gangförmige Gebilde des Basalts und ihre geognostisch verwandten Gesteine, ib. S. 1(6 – 140. Daraus in Jahrb. der Chem. und Phys. Schweigger. Bd. 9. S. 306—314. (1823).

— — Gediegen Gold im Thonschiefer- und Grauwacken-Gebirge der Moselgegend, ib. S. 141—145.

— — Ueber die Entdeckung zweier merkwürdiger Fossilien im Rhein. Trapp- und vulkanischen Gebirge (Apatit, Hyacinth und Zirkon), ib. S. 366—370.

Oeynhausen, Fr. v., Geognostische Reise-Bemerkungen über die Gebirge der Bergstrasse, den Hardt, des Donnersbergs und des Hundsrücken, im Auszuge mitgetheilt von Noeggerath; mit Vorwort und kurzer Uebersicht der Resultate beider vorherigen Reisen auf der westlichen Rheinseite, von Noeggerath, ib. Bd. I. S. 146—180. Mit mehreren Profilen.

Pictet, (Pictet-Turretini), *M. A.*, Eisbildung in Höhlen (Niedermendig) (Mém. de Genève Reiseber. über die Basalte am Rhein). Jahrb. der Chem. u. Phys. Schweigger. Bd. 6. S. 243.

Schulze, W., Uebersicht der Gebirgsbildungen in dem westlichen Theile des Dürener Bergamts-Reviers. Noeggerath, Das Geb. in Rheinl.-Westph. Bd. I. S. 281—327. Mit einer Karte u. mehreren Profilen.

Steininger, J.. Gebirgskarte der Länder zwischen dem Rhein und der Maas. Mainz.

Stengel, Geognostische Beobachtungen über die Lagerungen des Sandsteins in der Grauwacke, mit Rücksicht auf die bei Neigen aufgefundenen Steinkohlentheile, so wie über die merkwürdigsten Flotz-Trappgebirge in einem Theile der Eifel. Noeggerath, Das Geb. in Rheinl.-Westph Bd. I. S. 51—78. Mit 1 Karte und Profilen.

— — Beschreibung des Mosenberges bei Manderscheid und des Meerfelder See's, ib. Bd. I. S. 79 - 91. Mit Situation und Profilen.

— — Beschreibung des vulkanischen Berges bei Gerolstein in der Eifel, ib. Bd. I. S. 92—100. Mit Situation und Profilen. Nachtrag dazu, ib. S. 100.

1823.

Anonym. Ueber die Kesselthäler in der Eifel (Fragment eines Briefes). ib. Bd. II. S. 213—215.

Bergemann. C. (Vater), Chem. Untersuchung der Alaunerde (Werner) vom Pützberge bei Friesdorf unweit Bonn, ib. S. 281—301.

— — Ueber Hauyn, Nosean, Sodalit und Lasurstein in mineral. und chem. Beziehung. ib. S. 302—347.

Buff, L. C., Ueber das Kupferschiefergebirge im Herzogthum Westphalen. Auszug aus einem grösseren Anfsatze vom J. 1819. ib. Bd. II. S. 252—168.

— — Merkwürdiges Zusammenvorkommen eines Konglomerat- und eines Eisenstein-Ganges im Grauwackengebirge des Herzogth. Westphalen. ib. S. 169—171.

Dechen, H. v.. Geognostische Bemerkungen über den nördlichen Abfall des Niederrheinisch-Westphälischen Gebirges. ib. Bd. II. S. 1—151. Mit 1 Karte.

Goldfuss, A., Osteologische Beiträge zur Kenntniss verschiedener Säugethiere der Vorwelt. Hyaena spelaea von Sundwig. Verh. d. Kais. Leop. Carol. Akad. d. Naturforscher Bd. 11. Abth. 2. S. 451—490.

Noeggerath, J., Die Basalt-Steinbrüche am Rückersberge bei Oberkassel am Rhein. Noeggerath, Das Geb. in Rheinl.-Westph. Bd. II. S. 250—261. Mit einer Ansicht.

Schmidt, Fr., Einige Zusätze zu Fr. v. Oeynhausen's geogn. Reisebemerkungen über die Gebirge der Bergstrasse, ib. Bd. II. S. 172—188.

Schmidt. J. Ch. L., Ueber das Vorkommen des Basalts am Druidenstein bei Heckersdorf und in der Zeche Neue Mahlscheid ohnweit Daaden im Bergamtsbezirk Siegen, ib. Bd. II. S. 216—249. Mit Grundriss und Profilen.

— — Ueber mehrere allgemeine Verhältnisse der Gänge und über die Beziehung derselben zur Formation des Gebirgsgesteins. Karsten, Archiv f. Bergb. Bd. 6. S. 3—91.

Stengel, A., Ueber die Entstehung des Basalts hinsichtlich seines Vorkommens in der Eifel. Noeggerath. Das Geb. in Rheinl.-Westph. Bd. II. S. 189—212.

Stifft, C. E., Ueber die Entzündung der Braunkohlenflötze auf dem Westerwalde. Taschenb. f. die ges. Min. C. C. Leonhard. Jahrg. 17. S. 475—500.

— — Einige Beobachtungen über den Basalt im Nassauischen. ib. S. 501. 526.

Wernekinck, F. Chr. G., Ueber den Glanzkobolt von der Schwabengrube bei Müssen. Schweigger, Jahrb. d. Chem. u. Phys. Bd 9. S. 306—314.

1824.

Anonym, Pyrotechnische Versuche mit niederrheinischem Basalt, nebst Folgerungen. Anhangsworte über die rheinischen Bimssteine. Nachtrag. Noeggerath, Das Geb. in Rheinl.-Westph. B. III. S. 150—173.

Arndts, A. W., Kurze Nachrichten über die zum Endorfer Eisenhüttenwerke im Herz. Westphalen gehörigen vorzüglichen Gruben. Neue Jahrb. d. Berg- und Hüttenk. (Freih. v. Moll). Bd. 5. S. 198—236.

— — Ueber den Bergbau auf Spiesglanz, am Silberberge unweit Arnsberg im Herz. Westphalen. Karsten. Archiv f. Bergb. Bd 8. S. 272—302.

Becher, J. Ph., Ueber die Entdeckung von Kunstprodukten in der Braunkohlen-Formation auf dem hohen Westerwalde und in Böhmen. Beilage von Noeggerath. Noeggerath, Das Geb. in Rheinl.-Westph Bd. III. S. 174—183.

Buch. L. v.. Ueber das Vorkommen des Dolomits in der Nähe der vulkauischen Gebilde der Eifel. ib. Bd. III. S. 250—263.

Dechen, H. v., Die vulkanischen Punkte in der Gegend um Bertrich im Regierungsb. Coblenz, ib. Bd. III. S. 113—138.

Günther, J. J., Erdstoss in Obercassel 23. September 1795. Archiv f. d. ges. Naturlehre. Kastner Bd. 3. S. 362—365.

Heintz, P. C., Einige Notizen über Bergwerke im bayerischen Rheinkreise. Neue Jahrb. d. Berg- und Hüttenk. (Freib. v. Moll). Bd. 5. S. 236—239.

— — Ueber die ehemalige Saline zu Diedelkopf, im bayer. Rheinkreise, ib. S. 400—402.

Hausmann, J. F. L., Uebersicht der jüngeren Flötzgebilde im Flussgebiete der Weser, mit vergleichender Berücksichtigung ihrer Aequivalente in einigen andern Gegenden von Deutschland und der Schweiz. Göttingen.

Hönninghaus, F. W., Calymene macrophthalma von Cromford bei Ratingen im Herz. Berg. Noeggerath, Das Geb. in Rheinl.-Westph. Bd. III. S. 290. 291. Mit Abbild.

Hövel, Fr. v., Ueber das Vorkommen des Basalts am Druidenstein bei Heckersdorf im Bergamts-Bez. Siegen, ib. Bd. III. S. 139—149.

Nau, B. S. v., Mineralquellen im Nassauischen und Vulkane der Eifel (1822). Archiv f. d. ges. Naturlehre. Kastner Bd. 2.

Noeggerath, J. J. und *E. G. Nees v. Esenbeck*, Giebt Tacitus einen hist. Beweis von vulkanischen Eruptionen am Niederrhein? Noeggerath, Das Geb. in Rheinl.-Westph. Bd. III. S. 59—112.

— — Nachtrag zu vorstehendem Aufsatze, ib. S. 225—230

— — Neue Fundorte von verschiedenen merkwürdigen Fossilien in den Rheinlanden, ib. Bd. III. S. 284—288.

— — Krankhafte, fossile Knochen aus der Höhle bei Sundwig und Insekten-Abdrücke vom Orsberg und Stösschen. Arch. f. d. ges. Naturlehre. Kastner Bd. 2. S. 323—325

— — Höhlenbär von Sundwig, Krystalle von kohlens. Zink von Busbach bei Stolberg; Tutenthonschiefer von Saarburg, ib. Bd. 3. S. 194—200.

— — Erdpech im Buntsandstein von Aussen bei Saarlouis, ib. S. 947—948.

— — Vermeintliche Spuren jetztzeitiger vulkanischer Thätigkeit auf dem Westerwalde. Noeggerath, Das Geb. in Rheinl.-Westph. Bd. III. S. 278—279.

Oeynhausen, C. v., Steinkohlenmulde an der Inde und Wurm. Taschenb. f. d. ges. Min. C. C. Leonhard. Jahrg. 18. S. 216—221.

— — Ueber die geognostische Aehnlichkeit des Steinsalz führenden Gebirges in Lothringen und im südlichen Deutschland mit einigen Gegenden auf beiden Ufern der Weser. Karsten, Archiv f. Bergb. Bd. 8. S. 52—84. Mit 2 Profilen.

— — Allgemeine Bemerkungen über die Galmei-, Eisenstein- und Bleierzformation in der Gegend von Aachen, mit Bezug auf ähnliche Bildungen in Westphalen und in Oberschlesien. Noeggerath, Das Geb. in Rheinl-Westph. Bd. III. S. 200—215.

Salm-Horstmar, Fürst zu, Geognostischer Reisebericht über einen Theil des Herzogth. Westphalen, ib. Bd. III. S. 1—58. Mit 1 Karte und Profilen.

Schmidt, J. Ch. L., Ueber das Sinken der Erdrinde. Karsten, Archiv. f. Bergb. Bd. 8. S. 203—239.

— — Vom Rheinischen Uebergangsgebirge an der Mosel und den flötzartigen Umgebungen desselben zwischen den Ardennen, den Vogesen und dem Odenwalde. Archiv f. d. ges. Naturlehre. Kastner Bd. 3. S. 240—258.

Schneider, C., Besonderes Erzvorkommen in, mit taubem Gestein ausgefüllten Gängen der niederen Lahngegend. Noeggerath, Das Geb. in Rheinl.-Westph. Bd. III. S. 216—224. Mit 2 Durchschnitten.

Steininger, J., Bemerkungen über die Eifel und die Auvergne. Mainz.

1825.

Bleibtreu, H., Eingeschlossenes Wasser in Nieren von thonigem Sphärosiderit. Archiv f. d. ges. Naturlehre. Kastner Bd. 5. S. 60—62.

Brandes, R., Ueber das Pyrmonter Mineralwasser. (Anzeige des Werkes.) Jahrb. der Chem. u. Phys. Bd. 13. S. 120—121.

— — Ueber das Pyrmonter Mineralwasser (Lithion), ib. Bd. 15. S. 368—370.

Hoffmann, F., Ueber die geognostischen Verhältnisse des linken Weser-Ufers bis zum Teutoburger Walde. Ann. d. Phys. Poggendorff Bd. 3 (79). S. 1—42.

Menke, K. Th., Versuch einer näheren geologischen geognostischen und oryktognostischen Erläuterung des Fürstenthum Pyrmont. Archiv f. d. ges. Naturlehre. Kastner Bd. 2. S. 1—24 S. 149 - 168. 219—242.

Noeggerath, J., Nosin (Spinellan) bei Rockeskyll. S. 245—246.

— — Kupfererze und schlackiges Erdpech im Buntsandstein bei Aussen (Saarlouis); Grauspiessglanzerz bei Brück a. d. Ahr, ib. Bd. 4. S. 450—451.

— — und *G. Bischof*, Beständige Mofetten in dem vulkanischen Gebirge der Eifel. Jahrb. d. Chem. u. Phys. Bd. 23. S. 28—41.

— — Nachtrag zu dem Aufsatze: Beständige Mofetten in dem vulkanischen Gebirge der Eifel, ib. S. 371—372.

Oeynhausen, C. v., (H. v. Dechen u. G. v. Laroche), Geognostische Umrisse der Rheinländer zwischen Basel und Mainz. Essen.

— — und *H. v. Dechen*, Der Bleiberg bei Commern. Karsten, Archiv f. Bergb. Bd. 9. S. 62—133.

— — und *H. v. Dechen*, Zusammenstellung der geognostischen Beobachtungen über das Schiefergebirge in den Niederlanden und am Niederrhein. I. Schiefergebirge. Hertha, Zeitschr. f. Erd-, Völker- und Staatenkunde von Berghaus u. K. F. V. Hoffmann. Stuttg. u. Tüb. Bd. 2. H. 3. S. 483—550; II. Uebergangskalkstein, ib. Bd. 3. H. 2. S. 370. 426; III. Steinkohlengebirge, ib. Bd. 7. H. 2. S. 192—260; IV. Lagerungsverhältnisse, ib. Bd. 8. Heft 2. S. 201—268; V. Vorkommen der Erze, ib. Bd. 8. H. 2. S. 269—306; VI. Umgebendes Flötzgebirge, ib. Bd. 8. S. 379—386 u. 337—361 (Seitenzahlen verdruckt); VII. Vulkanisches Gebirge, ib. Bd. 12. (1828) S. 221—256; ibid. Bd. 12. S. 429—461; ib. Bd. 12. S. 511—537; ib. Bd. 13. (1829) Bd. 13. S. 235—253.

Stifft, C. F., Schalstein im Nassauischen. Taschenb. f. d. ges. Min. (auch Zeitschrift f. Mineralogie) C. C. v. Leonhard. Jahrg. 19. Bd. 1. S. 147—150. u. S. 236—245.

Walther, Ph. v., Ueber das Alter der Knochenkrankheiten. Journ. f. Chirurgie u. s. w. v. Walther u. H. Graefe. B. 8. S. 6.

Wurzer, F., Die Mineralquellen zu Hofgeismar, physik. u. chem. untersucht. Marburg.

1826.

Bischof, G., Die Mineralquellen zu Roisdorf bei Bonn, physikalisch und chemisch untersucht. Bonn.

— — Chemische Untersuchung der Mineralquellen zu Geilnau, Fachingen und Selters, nebst allgemeinen Beobachtungen über vulkanische Mineralquellen. Bonn.

— — und *Noeggerath*, Ueber die aus vulkanischen Gebirgsarten auswitternde Salze, insbesondere über die aus dem Trass in den Umgebungen des Laacher See's und aus den Laven bei Bertrich. Noeggerath, Das Geb. Rheinl.-Westph. B. IV. S. 238—263.

Brandes, R. und *Th. Gruner*, Chemische Untersuchung des Schwerspaths von Pyrmont. Jahrb. d. Chem. u. Phys. Schweigger und Schweig.-Seidel. Bd. 16. S. 245—247.

— — Chemische Untersuchung eines Torfs von Pyrmont, ib. S. 475—481.

Brandes, R. und *Krüger*, Pyrmonts Mineralquellen. Miner.-geogr. Bemerkungen über die Umgebungen von Pyrmont. Anzeige im Taschenb. f. d. ges. Min. K. C. v. Leonhard. Jahrb. 21. Bd. 1. S. 560—565.

— — und *Echterling*, Ueber die Blitzröhren oder Fulgurite in der Senne. Archiv f. d. ges. Naturlehre. Kastner. Bd. 9. S. 295 - 315.

Büchner, A. W., Niersteiner Schwefelwasser (Analyse). Jahrbuch d. Chem. u. Phys. Schweigger u. Schweig.-Seidel. Bd. 18. S. 383—384.

Burkart, J., Geognostische Skizze der Gebirgsbildungen des Kreises Creuznach und einiger angrenzenden Gegenden der ehemaligen Pfalz. Noeggerath, Das Gebirg. in Rheinl.-Westph. Bd. IV. S. 142—221. Mit 1 Karte u. Profilen. Daraus im Taschenb. f. d. ges. Min. K. C. v. Leonhard Jahrg. 21. Bd. 1. S 236 - 239.

Egen, P. N. C., Beitrag zur Naturgeschichte der Westphälischen Soolquellen. Karsten, Archiv f. Bergb Bd. 13. S. 283—350. Daraus im Taschenb. f. d. ges. Min. Jahrg. 21. Bd. 1. S. 456—470.

Gmelin, L., Bemerkungen über Wiesbadens Heilquellen. Ann. d. Phys. Pogg. Bd. 7 (83). S. 431 - 468.

Hoffmann, Fr., Ueber die Pflanzenreste des Kohlengebirges von Ibbenbühren und vom Piesberge bei Osnabrück. Teutschl. geogn.-geol. dargestellt Bd. 4. S. 151 - 168.

— — Der Piesberg, Hüggel und Ibbenbühren. ib. S. 264—270.

— — Ueber die geognostischen Verhältnisse der Gegend von Ibbenbühren und Osnabrück. Karsten. Archiv f. Bergb. Bd. 12. S. 264 — 336 (ohne Profil).

— — Ueber die geognostischen Verhältnisse den Gegend von Ibbenbühren und Osnabrück. Karsten Archiv f. Bergh. Bd. 13. S. 3 - 34. Mit 4 Profilen.

— — Untersuchungen über die Pflanzenreste des Kohlengebirges von Ibbenbühren und vom Piesberge bei Osnabrück, ib. S. 266—282. Daraus im Taschenb. f. d. ges. Min. K. C, v. Leonhard. Jahrg. 21. Bd. 1. S. 168—169.

Karsten, C. J. B., Untersuchungen über die kohligen Substanzen des Mineralreichs überhaupt und über die Zusammensetzung der in der Preuss. Monarchie vorkommenden Steinkohlen insbesondere (Rhein. und Westphäl. Steinkohlen und Braunkohlen). Karsten Archiv f. Bergk. Bd. 12. S. 3—244.

Kersten, C., Selen in der Kupferblüthe von Rheinbreitbach. Jahrb. d. Chem. u. Phys. Schweigger und Schweig.-Seidel. Bd. 17. S. 294 - 297. Daraus im Taschenb. f. d. ges. Min. K. C. v. Leonhard. Jahrg. 21. Bd. 1. S. 246—247.

Mettenheimer, W., Chem. Untersuchung der Soole zu Theodorshalle bei Creuznach. Arch. f. d. ges. Naturlehre. Kastner Bd. 9. S. 113 - 128.

Noegerath, J. und G. *Bischoff*, Beständige Mofetten in dem vulkanischen Gebirge der Eifel. Nachschreiben von G. Bischof. ib. S. 337—354. Daraus im Taschenb. f. d. ges. Min. K. C. v. Leonhard Jahrg. 21. Bd. 1. S. 249—250.

— — Säulenförmige und concentrisch-schaalig-cylindrische Absonderungen des Trachyts im Siebengebirge. Noeggerath, Das Geb. in Rheinl.-Westph. Bd. IV. S. 359 361. Daraus im Taschenb. f. d. ges. Min. K. C. v. Leonhard. Jahrg. 21. Bd. 1. S. 152—153.

— — Kugelige Absonderungen der Grauwacke zu Ehrenbreitstein, ib. S. 362—63.

— — Granaten in dem Porphyr des Steinkohlen-Gebirgs-Terrains zu Düppenweiler bei Saarlouis, ib. S. 363.

— — Einiges über Braunkohlen-Sand und Sandstein und dichten Sphärosiderit, als Glieder der Braunkohlen-Formation im Niederrhein-Gebiet, und über das relative Alter der Braunkohlen-Formation in Bezug auf die vulkanischen Gebilde des Siebengebirges. Darin zwei chem. Analysen von G. Bischof, ib. S. 364—390.

Oeynhausen, C. v. und *H. v. Dechen,* Bemerkungen über den Duckstein und Trass. Karsten, Arch f. Bergb. Bd. 11. S. 414—418.

Poulett Serope, G., Beobachtungen über die vulkanischen Formationen am linken Rheinufer. Teutschl. geogn.-geol. dargestellt. Bd. 4. S. 295—304. (Original im Edinburgh Journ. of Sc. No. 9. Mai 1826. p. 145.)

Schmidt, J. Ch. L., Ueber das ältere Steinkohlengebirge auf der Südseite des Hundsrücks. Noeggerath, Das Geb. in Rheinl.-Westph. Bd. IV. S. 1–141.

Schneider, C., Vorkommen von Perlstein im Lahnthale bei Holzappel. ib. S. 354—358.

Steininger, J., Bemerkungen über das Steinsalzgebirge in Lothringen, mit besonderer Berücksichtigung der Gebirgsverhältnisse im K. Pr. Reg.-Bez. Trier. Mit 1 Karte u. Prof. Hertha, Zeitschr. für Erd-, Völker- und Staatenkunde v. H. Berghaus. Bd. 5. H. 3. S. 239–285.

Stifft, C. E., Ueber verschiedene in der Schrift: Chemische Untersuchung der Mineralwässer zu Geilnau, Fachingen und Selters u. s. w. von G. Bischof (Bonn 1826) enthaltene geognostische Bemerkungen. Archiv f. d. ges. Naturlehre. Kastner. Bd. 7. S. 193–203.

— — Schaalsteine im Nassauischen. Taschb. f. d. ges. Min. K. C. v. Leonhard. Jahrg. 20. Bd. I. S. 253–264.

Wyck, N. J. v. d., Uebersicht der rheinischen u. Eifeler erloschenen Vulkane u. s. w. Bonn.

1827.

Buff, L. C., Geognostische Bemerkungen über das Vorkommen der Spiessglanzerze auf der Grube Caspari bei Wintrop und auf der Grube Unverhofft Glück bei Nuttlar im ehem. Herz. Westphalen. Karsten, Archiv f. Bergb. Bd. 16. S. 54–60.

Cramer, L. W., Geognostische Fragmente von Dillenburg und der umliegenden Gegend. Giessen.

Erbreich, L., Gegonostische Beschreibung der Spiessglanzlagerstätte in dem Concessions-Felde Hoffnung bei dem Dorfe Brück, Bürgermeist. und Kreis Adenau, Reg.-Bez. Coblenz Karsten, Archiv f. Bergb. Bd. 16. S. 44—53. Daraus im Taschenb. f. d. ges. Min. K. C. v. Leohard Jahrb. 21. Bd. 2. S. 471—474.

Harless, C. F., Das Bad Bertrich. Mit 2 Abbildungen. Coblenz.

— — und *G. Bischof,* Die Stahlquelle zu Lamscheid auf dem Hundsrück nach ihren physik. und chem. Eigenschaften. Bonn.

Kastner, K. W. G., Zur Kenntniss der Mineralwässer, gediegener Schwefel zu Ems. Archiv f. d. ges. Naturl. Kastner. Bd. 11. S. 268—271. Daraus im Taschenb. f. d. ges. Min. K. C. v. Leonhard. Jahrg. 21. Bd. 2. S. 462.

Keferstein, Ch., Erster Nachtrag zu der genauen Beschreibung der Teutschen Salzquellen und Salinen. Teutschl. geogn.-geol. dargestellt. Bd. 5. S. 139—178.

Becks. F., Entdeckung von gediegenem Schwefel im Quarzsande der Braunkohlen-Formation. Jahrb. d. Chem. u. Phys. Schweigger und Schweig.-Seidel Bd. 19. S. 269—275. Mit einer Beilage von Noeggerath, ib. S. 275—279.

Bischof, G., Einige Bemerkungen über das Lamscheider Mineralwasser hinsichtlich auf geognostische Verhältnisse der Umgegend. Jahrb. d. Chem. u. Phys. Schweigger und Schw.-Seidel Bd. 21. S. 116–126.

Nau, B. S. v., Geognost. Beschaffenheit von Mainz. Taschenb. f. d. ges. Min. K. C. v. Leonhard. Jahrg. 21. Bd. 1. S. 68–76.

Noeggerath, J., Gediegen Gold in den Moselgegenden (Mühlbach bei Enkirch). Ann. d. Phys. Pogg. Bd. 10 (86). S. 136, und Jahrb. d. Chem. u. Phys. Schweigger und

Schw.-Seidel. Bd. 20. S. 257—263. und Taschenb. f. d. ges. Min. K. C. v. Leonhard. Jahrg. 21. Bd. 2. S. 488—489.

Noeggerath. J. J., Saphir in Mühlsteinlava von Niedermendig. Jahrb. d. Chem. u. Phys. Schweigger u. Schw.-Seidel. Bd. 21. S. 363 -364.

1828.

Anonym. Gediegen Gold in Rhein-Preussen. Archiv f. d. ges. Naturlehre. Kastner, Bd. 15. S. 484—485.

Bergemann, C., Chem. Zusammensetzung eines zu Liedberg gefundenen Mammuthszahnes. Beilage von J. Noeggerath, Jahrb. f. Chem. u. Phys. Schweigger und Schweig.-Seidel. Bd. 22. S. 145—164.

Brongniart, Ad., Histoire des végétaux fossiles. Paris et Amsterdam. 2 Bde. m. Atlas. 2. Bd. unvollständig.

Bronn, H., Ueber die fossilen Reste der Papierkohle von Geistingerbusch im Siebengebirge. Taschenb. f. d. ges. Min. C. C. v. Leonhard. Jahrg. 22. S. 374—384.

Buff, L. C., Bemerkungen über das Vorhandensein eines Steinsalzlagers in Westphalen. Karsten, Archiv f. Bergb. Bd. 17. S. 97—102.

Egen, P. N. C., Ueber das Erdbeben in den Rhein- und Niederlanden vom 23. Februar 1828. Ann. d. Phys. Pogg. Bd. 13 (89). S. 153—163. Nachschrift zu dem vorstehenden Aufsatze über das Erdbeben vom 23. Febr. 1828, von J. C. Poggendorff. Ibid. S. 176—179.

Engelspach-Larivière, A., Déscription géogn. du Grand-duché de Luxembourg. Bruxelles.

Glaser, Ueber den sogenannten brennenden Berg von Duttweiler, muthmasslich ein noch thätiger Vulkan, und über dessen Salmiak. Archiv f. d. ges. Naturlehre. Kastner. Bd. 14. S. 69—79.

Goldfuss, A., Ausführliche Erläuterung des Naturhistorischen Atlasses. Th. 2. Düsseldorf. Das Siebengebirge S. 144—149. Taf. 152. Mendeberg, Basaltkuppe bei Linz am Rh. S. 154. Taf. 154. Fig. 6 a. Grünsteinkuppe zwischen Dillenburg u. Burg S. 155. Taf. 154. Fig. 7 a. Durchschnitt des Niederrheinisch-Westphälischen Steinkohlengebirges durch den Schwelmer Brunnen bis Alten Bochum. S. 230—234. Taf. 170. Fig. 1. Profil der Gegend von Eschweiler u. Stollberg S. 234. Taf. 470. Fig. 2. Profil der Gegend von Aachen S. 234—235. Taf. 170. Fig. 3. Horizontaler und senkrechter Längendurchschnitt des Kohlenfeldes bei Eschweiler S. 235—236. Taf. 170. Fig. 4 u. 5. Durchschnitt des Steinkohlenfeldes im Ländchen von der Heiden S. 236—237. Taf. 171. Trachytbruch am Stenzelberge im Siebengebirge S. 242. Taf. 173. Durchschnitt des Druidensteins, eine Basaltkuppe bei Heckersdorf S. 243—245. Taf. 174. Die Käsegrotte bei Bertrich S. 248—249. Taf. 179. Basaltbildung auf der Landskron im Ahrthale S. 249—250. Taf. 176.

Günther, J. J., Das Erdbeben am 23. Februar 1828 am Niederrhein. Nachtrag von Kastner, Arch. f. d. ges. Naturl. Kastner Bd. 13. S. 230—234.

— — Neueste Erderschütterung zu Cöln. Bd. 15. Arch. f. d. ges. Naturlehre. Kastner. S. 243—244.

— — Weitere Nachrichten über das neueste niederrhein. Erdbeben, ib. S. 246.

Kastner, K. W. G., Zur Kenntniss der Mineralwässer. Ueber Nassau's Thermalquellen, Arch. f. d. ges. Naturlehre. Kastner, Bd. 13. S. 401—464. Vorläufige Nachricht von der Entdeckung eines eisenfreien Säuerlings zu Langen-Schwalbach, ib. S. 498—500.

— — Ueber Nassau's Thermalquellen. Archiv f. d. ges. Naturlehre. Kastner, Bd. 14. S. 66—68.

Kastner, K. W. G., Fernere Nachrichten über das neueste niederrhein. Erdbeben. Archiv f. d. ges. Naturlehre. Kastner, Bd. 15. S. 429—437.

Noeggerath, J., Das Erdbeben vom 23. Februar 1828 im Königreich der Niederlande und in den k. pr. Rheinisch.-Westphäl. Provinzen. Halle.

— — Erdbeben zu Bonn 23. Februar 1828. Jahrb. f. Chem. u. Phys. Schweigger u. Schweig.-Seidel. Bd. 22. S. 95—96.

— — Das Erdbeben v. 23. Februar 1828 in den Niederlanden und in den rhein. und westphäl. Provinzen, in physik. Rücksicht betrachtet und beschrieben. Jahrbuch f. Chem. u. Phys. Schweigger u. Schweig.-Seidel. Bd. 23. S. 1—56. Anhang, Erdbeben in Düren 1755 u. 1756, ib. S. 57—61.

— — Vorkommen des gediegen Goldes im Hunsrücker Gebirge; merkwürdige Quarzkrystalle aus Kalkstein zwischen Hagen und Limburg. Jahrb. f. Chem. u. Phys. Schweigger u. Schweig.-Seidel Bd. 24. S. 151—359.

— — Saphir von Niedermendig und Laach. Taschenb. f. d. ges. Min. K. C. v. Leonhard. Jahrg. 22. Bd. 1. S. 256.

Omalius d'Halloy, J. B. J., Mémoire pour servir à la désoription géologiques des Pays-Bas, de la France et des contrées voisines. Paris.

Schulze, W., Polarität zweier Basaltfelsen in der Nähe der Nürburg, in der Eifel, nebst Bemerkungen über die Verbreitung des Basaltes in dieser Gegend, mitgetheilt von J. Noeggerath. Jahrb. für Chem u. Phys. Schweigger u. Schweig.-Seidel. Bd. 22. S. 221—229.

— — Die Mühlsteinbrüche zwischen Mayen und dem Laacher-See. Karsten, Archiv f. Bergb. Bd. 17. S. 386—432.

Steininger J., Essai d'une description géogn. du Grand-du chêde Luxembourg. Bruxelles.

Westrumb. F., Pysik.-chem. Untersuchung der Schwefelquellen bei Winzlar (Rehburg). Arch. f. d. ges. Naturlehre. Kastner. Bd. 14. S. 31—50. Nachtrag von Kastner, ib. S. 51—58.

Wille, G. A., Geognostische Beschreibung der Gebirgsmassen zwischen dem Taunus- und Vogelsgebirge, von der Lahn nach dem Main, Rhein und der Nahe, nebst besonderer Beachtung der daselbst vorkommenden verschiedenen Mineralien. Mit 2 geogn. Karten. Mainz.

1829.

Bischof, G., Vermischte Bemerkungen über die natürlichen Kohlensäure-Exhalationen in den Umgebungen des Laacher See's. Jahrb. f. Chem. u. Phys. Schweigger-Seidel, Bd. 26. S. 129—148.

Boué, A., Geognostisches Gemälde von Deutschland. Uebers. von C. C. v. Leonhard. Frankfurt a. M.

Brandes, R., Chemische Untersuchung des Mergels, aus welchem die Unnaer Salzquellen zu Tage kommen. Verhandl. d. Gesellsch. naturf. Freunde zu Berlin. Bd. 1. S. 311—315.

Bronn, H., Ueber die Fischabdrücke in Eisenstein-Nieren des Mittel-Rhein. Steinkohlengebirges und über Palaeoniscum macropterum n. sp. insbesondere. Taschenb. f. d. ges. Min. Jahrg. 23. Bd. 2. S. 477—494.

Hoffmann, F., Ueber die allgemeinen geognostischen Verhältnisse des nordwestlichen Deutschlands. Eine geognostische Skizze. Vorgelesen in der Versammlung der deutschen Naturforscher und Aerzte. Sept. 1828. Karsten. Archiv f. Min., Geogn., Bergb. und Hüttenkunde. Bd. I. S. 115—154.

Hoffmann, F., Ueber Erhebungsthäler und deren Zusammenhang mit dem Ursprung der Sauerquellen (Pyrmont, Driburg). Annal. d. Phys. Poggend. Bd. 17 (93). S. 151—159.
Karsten, K. W. G., Andreä's und Westrumb's Bemerkungen über Fachingen und Seltern. Arch. f. d. ges. Naturl. Kastner. Bd. 16. S. 305—322.
— — Die Mineralquellen zu Marienfels (Nassstädten) im Nassau'schen, ib. S. 376—383, ferner ib. S. 478—495.
Monheim, J. P. J., Die Heilquellen von Aachen, Burtscheid, Spaa, Malmedy und Heilstein, in ihren historischen, geognostischen, physischen, chemischen und medicinischen Beziehungen. Mit 1 Karte. Aachen und Leipzig.
Noeggerath, J., Erdbeben vom 23. Februar 1828 in den Niederlanden und den Rheinisch-Westph. Provinzen. (Im Auszuge aus Schweigger's Jahrb. d. Chem. 23. 1.) Taschenb. f. d. ges. Min. Jahrg. 23. Bd. 1. S. 387—393.

1830.

Beissenhirtz, Analyse einiger Mergelarten vom Doberge bei Bünde in Westph. Archiv des Apotheker-Vereins von Brandes. Bd. 25. S. 257. Daraus im Jahrbuch für Min, Geogn. u. Petref. K. C. v. Leonhard u. H. G. Bronn. Jahrg. I. S. 332.
Benzenberg, J. F., Die warmen Quellen bei Aachen. Gedruckt als Handschrift. Ohne Druckort.
Bergemann, C., Chemische Untersuchungen der Mineralien und Hüttenprodukte des Bleibergs in Rheinpreussen. Mit Vorrede von J. Nöggerath. Bonn.
— — Chem. Untersuchungen der Mineralien und Hüttenproduckte des Bleiberges in Rheinpreussen. (Anzeige des Werks). Jahrbuch f. Min., Geogn., Geol. u. Petrefact. K. C. v. Leonhard u. H. G. Bronn. Jahrg. 1. S. 319—320.
Hoffmann, Fr., Uebersicht der orographischen und geognostischen Verhältnisse vom nordwestlichen Deutschland. 2 Th. Leipzig.
— - Ueber die allgemeinen geognost. Verhältnisse des nordwestlichen Deutschlands. (Anzeige) Annal. d. Erd., Völker- und Staatenkunde v. H. Berghaus. Bd. 2. S. 37—51.

1831.

Benzenberg, J. F., Ueber die warmen Quellen in Aachen. Jahrb. f. Min. u. s. w. K. C. v. Leonhard u. Bronn. Jahrg. 2. S. 1—16.
Bronn, H., Notizen über die Gebirgsbildungen am Grafenberg und um Bensberg, ib. S. 171—176.
Dolffs. G. v., Ueber die zwischen Unna und Werl in den Jahren 1804 bis 1806 vorgenommenne Bohrversuche. Karsten, Archiv f. Bergb. Bd. 20. S. 217—296.
— — Die Salzbrunnen bei Bochum, ib. S. 227—232.
Noeggerath, J., Die Bruchhauser Steine am Isenberge im Reg.-Bez. Arnsberg. Nach eigenen und nach den Beobachtungen des Herrn Loewe zu Bigge dargestellt. Mit 1 Situationsplan. Karsten, Archiv f. Min. Bd. 3. S. 95—122. Daraus im Jahrbuch f. Min. u. s. w. Leonh. u. Bronn. Jahrg. 3. S. 80—82
Schweinsberg, H., Soden und seine Heilquellen. Gotha.
Steininger, J., Bemerkungen über die Versteinerungen, welche in dem Uebergangskalkgebirge der Eifel gefunden werden. (Beilage zum Programm des Gymnasiums). Trier. Daraus Auszug im Jahrb. f. Min. u. s. w. v. Leonhard u. Bronn. Jahrg. 1833. S. 409—111. ib. Jahrg. 1835. S. 734. Uebersetzt in Mém. Soc. géol. Franc. 1834. 1. p. 331—371. 4 Pl..
Stifft, C. E., Geognostische Beschreibung des Herzogthums Nassau. 3 Karten. Wiesbaden.

1832.

B. Höhle bei Rösenbeck. Aus Froriep's Notizen. Bd. 26. S. 54—55. Daraus im Jahrb. f. Min. u. s. w. v. Leonh. u. Bronn. Jahrg. 3. S. 363.

Benzenberg, J. F., Die warmen Quellen in Aachen und die warmen Quellen in Wimpfen. Gedruckt als Handschrift. (Ohne Druckort.)

Brandes. R., Die Mineralquellen und Schlammbäder zu Meinberg, nebst Beiträgen zur Kenntniss der Vegetation und der klimatischen und mineralogisch-geognostischen Beschaffenheit des Fürstenthums Lippe-Detmold. Lemgo. Anzeige im Jahrb. f. Min. u. s. w. v. Leonh. u. Bronn. Jahrg. 1833. S. 213.

— — und *W. Brandes*, Der Thonkieselstein, eine besondere Gruppe der Keuperformation. (Fürst. Lippe-Detmold). Ann. d. Phys. Pogg. Bd. 25 (101). S. 318—322.

Hessel, H., Posidonia Becheri von Edderbringhausen. Jahrb. f. Min. u. s. w. v. Leonh. u. Bronn. Jahrg. 3. S. 284.

Hibbert, Sam., History of the extinct Volcanoes of the basin of Neuwied on the Lower Rhine. Edinburgh and London. Auszug im Jahrb. f. Min. u. s. w. v. Leonhard und Bronn. Jahrg. 1834. S. 657—687.

Klipstein, A., Bruchhauser Steine. Jahrb. f. Min. u. s. w. v. Leonh. u. Bronn. Jahrg.3 S. 196—201.

Meyer, H. v., Gegend von Creuznach, ib. S. 214—219.

Noeggerath, J., Bruchhauser Steine, Rösenbecker Höhle, Naphthaline in der Braunkohle des Westerwaldes, Willemit vom Altenberge, ib. S. 80—82.

— — Zusammen-Vorkommen von Basalt und Braunkohlen bei Utweiler im Siegkreise, Karsten, Archiv f. Min. Bd. 5. S. 138—149, und Jahrb. f. Min. u. s. w. v. Leonh. u. Bronn. Jahrg. 3. S. 212.

— — Siebengebirge. Jahrb. f. Min. u. s. w. v. Leonh. u. Bronn. Jahrg. 3. S. 280.

Reynaud, J., Coup d'oeil sur les formations volcaniques des bords du Rhin. Ann. d. Min. Sér. 3. Vol. 2. p. 361—400.

Sack, A. L., Haarkies auf der Grube Wingertshaardt bei Wissen. Jahrb. f. Min. u.s.w. v. Leonh. u. Bronn. Jahrg. 3. S. 213.

1833.

Agassiz, L., Recherches sur les poissons fossils. Neufchatel. 5 Vol. Atlas.

Buff, L. C., Ueber Gangbildungen, welche eine lagerartige Entstehung zu haben scheinen (Vorkommen der Spiessglanzerze auf der Casparizeche bei Arnsberg uud des Rotheisensteins bei Wetzlar). Karsten, Archiv f. Min. Bd. 6. S. 439—443.

Goldfuss, A., Petrefacta Germaniae, auch mit deutsch. Titel. 3 Bde. Text und Abbild. Düsseldorf bis 1844.

Hibbert, S., Geschichte der Braunkohlenformation am Niederrhein. Brewst. N. Edinb. Journ. 1831. Nr. 8. S. 276—300). Jahrb. f. Min. u. s. w. v. Leor. . u. Bronn. Jahrg. 1833. S. 581—583.

Horner, L., Geognosie der Gegend von Bonn. Proceedings of the geol. Soc. of London 1833. Nr. 31. p. 467. Daraus im Jahrb. f. Min. u. s. w. v. Leonh. u. Bronn. Jahrg. 1833. S. 570—572.

Kapp, Chr., Quarzit bei Wiesbaden. Jahrb. f. Min. u. s. w. v. Leonh. u. Bronn. Jahrg. 1833. S. 412—417.

Neumann, Ueber die projectirten Bohrversuche zur Auffindung eines Salzlagers in der Umgegend von Aachen (Geologisches von verschiedenen Verfassern). Rhein. Provinzialblätter 1833. Bd. 4. Aachen u. Leipzig. S. 275—290. Fortsetzung Ib. Bd. 5. S. 101—104.

Plänckner, J. v., Die deutschen Rheinlande oder speciell-topograph.-statist. Beschreibung des Fürstenth. Lichtenberg und geograph. Uebersicht der Preuss., Bayer., Oldenburg. und Hessen-Homburg. Rheinlande. Gotha u. Erfurt. Anzeige dieses Werkes in Berghaus, Ann. d. Erd.-, Völker- und Staatsk. Bd. 10. 1834. S. 562—563.

Schmidt, Fr., Vorkommen des Kohlenstoffs und seiner Verbindungen in den Blasenräumen basaltischer Gebilde (Wittschertberg bei Siegen). Karsten, Archiv f. Min. Bd. 6. S. 444—448.

Strombeck. A. v., Ueber die Lagerung der Niederrheinischen Braunkohlen. Nachschrift von Noeggerath. Karsten, Archiv f. Min. Bd. 6. S. 299—318.

1834.

Arndts, A. W. St., Ueber den Bergbau auf Spiesglanz am Silberberge unweit Arnsberg im Herzogthum Westphalen, die Ausseigerung des rohen Spiesglanzes und die Bereitung des Spiesglanz-Metalles im Grossen. Arndts, Abhandl. aus dem Gebiete der Mineralogie und Technologie. Elberfeld. S. 235—273.

Bischof, G., Ueber die Quellen-Verhältnisse des westl. Abhanges des Teutoburger Waldes. Schweigger-Seidel. Jahrb. d. Chem. Bd. 8. S. 249. Daraus im Jahrb. für Min. u. s. w. v. Leonh. u. Bronn. Jahrg. 1834. S. 55—58.

Bronn, H. G., Lethaea geognostica oder Abbildung und Beschreibung der für die Gebirgsformation bezeichenden Versteinerungen. Stuttgart. (3. Aufl. 1850—56.)

Bunsen, R., Allophan in der Braunkohle von Friesdorf (Poggend. Ann. 31. S. 53; Schweigger's Journ. 5. S. 110). Jahrb. f. Min. u. s. w. v. Leonh. u. Bronn. Jahrg. 1834. S. 353.

Dreves, F., Ueber den früheren Goldbergbau im Waldeckschen. Karsten, Archiv für Min. u. s. w. Bd. 7. S. 167—173. Daraus im N. Jahrb. f. Min. u. s. w. v. Leonh. und Bronn. Jahrg. 1836. S. 380 u. 381.

Hausmann, J. F. L., Die Soolquelle zu Rothenfelde Studien d. Götting. Ver. bergmänn. Freunde 1833. Bd. 3. S. 324. Daraus im N. Jahrb. f. Min. u. s. w. Jahrg. 1836. S. 124.

Horner. L., On the quantity of solid Matter suspended in the Water of the Rhine. Lond. Edinb. Phil. Mag. Ser. III. Vol. V. No. 27. p. 211. Edinb. New Phil. Journ. Vol. 18. p. 102. Deutsch im N. Jahrb. f. Min. u. s. w. v. Leonh. u. Bronn. Jahrg. 1836. S. 82, und in Berghaus Ann. d. Erd-, Völker- und Staatenkunde. Reihe 3. Bd. 3. S. 224—227.

Noeggerath, J., Ueber das Vorkommen des Goldes in der Eder und in ihrer Umgegend. Karsten, Archiv f. Min. Bd. 7. S. 149—166. Daraus im N. Jahrb. f. Min. u. s. w. v. Leonh. u. Bronn. Jahrg. 1836. S. 379—380.

— — Resultate der neuesten chem. Untersuchung des Mineralwassers zu Godesberg (Analyse von Bergemann). Rhein. Provinzialblätter, Neue Folge 1834, Köln. Bd. 1. S. 38—39.

— — Ueber die Menge der festen Substanzen, welche der Rhein zum Meere führt (nach Horner. Phil. Magaz. Ser. III. Vol. V. p. 211). Ibid. Bd. 4. S. 232—235.

1835.

Becks, F. C., Geognostische Bemerkungen über einige Theile des Münsterlandes, mit besonderer Rücksicht auf das Steinsalzlager, welches die westph. Soolen erzeugt. Karsten, Archiv. f. Min. Bd. 8. S. 275—389. Daraus im N. Jahrb. f. Min. u. s. w. v. Leonh. u. Bronn. Jahrg. 1836. S. 224.

Becks, F. C. Ueber das Vorkommen fossiler Knochen in dem aufgeschwemmten Boden des Münsterlandes. Ib. S. 390—417. Daraus im N. Jahrb. f. Min. u. s. w. v. Leonh. u. Bronn. 1837. S. 237—239.

Brandes, R. und *Brandes, W.*, Untersuchungen über einige Gesteine und Mineralquellen am Hollenhagen bei Salzuflen. Lemgo.

Dreves, F. und *Wiggers, A.*, Die Mineralquellen bei Wildungen. Göttingen.

Erbreich, L., Ueber das Braunkohlengebirge des Westerwaldes und die zu demselben in natürlicher Beziehung stehender Felsarten. Karsten, Archiv f. Min. B. 8. S. 3—51.

Frick, H., Ueber die chemische Zusammensetzung des Thonschiefers (Bendorf, Niederselters). Ann. d. Phys. Pogg. Bd. 35 (111). S. 188—193.

Kapp, Chr., Ueber die Bildung des Donnersbergs in Rheinbayern u. sein Verhältniss zum System des Haardt-Gebirges (Deutscher Kalender f. d. J. 1835, Kempten 1835. S. 67 ff. Daraus im Jahrbuch für Min. u. s. w. v. Leonh. und Bronn. Jahrb. 1835. S. 698—699.

Lyell, Ch., Beobachtungen über die Lehm-Ablagerung, Löss im Rheinbecken (James, Edinb. n. philos. Journ. 1834. 17. S. 110—132). Jahrb. f. Min. u. s. w. v. Leonh. u. Bronn. Jahrg. 1835. S. 101—104.

Mohr, Fr., Ueber die Tragkraft des Rhein- und Moselwassers (Spec. Schwere beider Wasser). Rhein. Provinzialblätter. Neue Folge 1835. Bd. 4. S. 277—288.

— — Beobachtung des Erdbebens vom 17. December 1834 in Coblenz. Ann. d. Phys. Poggendorff Bd. 36 (112). S. 235—237.

Noeggerath, J., Nähere Nachrichten über das Erdbeben vom 17. Dec. 1834 im Reg.-Bez. Coblenz. Noeggerath, Rhein. Provinzialblätter. Neue Folge. 1835. Bd. 2. S. 43—47. Daraus im N. Jahrb. f. Min. u. s. w. v. Leonh. u. Bronn. Jahrg. 1836. S. 705 u. 706.

— — Gold und Hyazinthen an der Diemel und Orke. Neue Jahrb. f. Min. u. s. w. v. Leonh. u. Bronn. Jahrg. 1835. S. 675—676.

— — Planorbis im Braunkohlengebirge von Rott. Ib. S. 678.

Plagge, Comalinen im Wealdsandstein von Kempen bei Bentheim. Min.-geogn. Section der Versammlung deutscher Naturforscher u. Aerzte, Bonn 1835. Daraus im Jahrb. f. Min. u. s. w. v. Leonh. u. Bronn. Jahrg. 1835. S. 628.

Thomae, C., Der vulkanische Roderberg bei Bonn. Geognostische Beschreibung seines Kraters und seiner Umgebung. Mit einem Vorworte von Noeggerath. Bonn.

1836.

Gmelin, L., Analyse des Badsinters von Ems. Ann. d. Phys. Poggend. Bd. 37 (113). S. 199—203.

Göppert, H. R., Die fossilen Farnkräuter. Nov. Acta L. C. acad. nat. curios. Vol. 17. Supplement.

Horner, L., The geology of the environs of Bonn. London.

Klipstein. A. v., Beschreibung und Abbildungen von dem in Rheinhessen aufgefundenen colossalen Schädel des Dinotherii gigantei mit geognostischen Mittheilungen über die knochenführenden Bildungen des mittelrheinischen Tertiärbodens. Darmstadt.

— — Versuch einer geogr.-geognost. Eintheilung des westl. Deutschlands, nebst generellen Andeutungen zur geognost. Konstitution der verschiedenen Gebirgs-Abtheilungen desselben. Neue Jahrb. für Min. u. s. w. v. Leonh. u. Bronn. Jahrg. 1836. S. 255—289.

— — Zinobererz-Lagerung bei Gladenbach. Ib. S. 351.

— — Braunkohle im Maynzer Becken. Ib S. 572—573.

Noeggerath, J., Ueber ein Vorkommen von Diorit im Thonschiefer bei Boppard. Karsten, Archiv f. Min. Bd. 9. S. 578—580. Daraus im N. Jahrb. f. Min. u. s. w. v. Leonh. u. Bronn. Jahrg. 1838. S. 565 u. 566.

— — Ueber den nachhaltigen Reichthum der Saarbrücken'schen Steinkohlen-Niederlagen. Rhein. Provinzialblätter. Neue Folge. 1836. Bd. 1. S. 291—294.

— — Schwefelkiesbildung in Moorerde bei Bonn. N. Jahrb. f. Min. u. s. w. v. Leonh. u. Bronn. S. 580.

Oleire, G. d', und *F. Wöhler,* Die Schwefelquellen zu Nenndorf, chemisch-physikalisch und medicinisch dargestellt. Mit 3 Ansichten. Cassel.

Schmidt, Fr., Versteinerungen im Kieselschiefer bei Förde, Kreis Olpe und im Alaunschiefer bei Brilon. N. Jahrb. f. Min. u. s. w. v. Leonh. u. Bronn. S. 584.

Schneider, C., Sekundäres Weissbleierz auf dem Gange von Holzappel, ib. S. 339—340.

— — Erzgänge im Schalstein bei Holzappel. Ib. S. 570—571.

Steininger, J., Ueber Halocrinites und Helix mattiaca (Bull. géol. 1835. 6. S. 169 u. 170), ib. S. 476.

Wyck, H. J. v. d., Ueber die Rheinischen und Eifeler erloschenen Vulkane, vorzüglich in Beziehung auf Hibberts Geschichte der ersteren, ib. S. 129—165.

— — Die Rheinischen und Eifeler erloschenen Vulkane. (2. Ausgabe 1836), ib. S. 404.

1837.

Beyrich, E., De Goniatitis in montibus rhenanis occurentibus. Dissert. inaug. petref. Mit 2 Tafeln. Berlin.

— — Beiträge zur Kenntniss der Versteinerungen des Rheinischen Uebergangsgebirges. Berlin. Anzeige im N. Jahrb. f. Min. u. s. w. v. Leonh. u. Bronn. S. 497 504.

Bischof, G., Quellen-Verhältnisse der Ostseite des Teutoburger Waldes. Erdmann und Schweigger-Seidel. Journ. f. pr. Chem. Bd. 1. S. 321. Daraus im N. Jahrb. f. Min. u. s. w. v. Leonh. u. Bronn. S. 54—59.

Bronn, H. G., Ueber das Alter und die organischen Ueberreste des Maynzer Beckens. N. Jahrb. f. Min. u. s. w. S. 153—176.

Himly, K., Nachrichten vom Godelheimer Mineralbrunnen. In v. Graefe's Jahrb. S. 432—438.

Klipstein, A. v., Ergebnisse einer Brunnenbohrung bei Alzey. Ib. S. 170.

Leonhard, K. C. v., Gänge körnigen Kalkes im Steinkohlen-Gebirge unfern Wolfstein in Rheinbayern. Ib. S. 641—646.

Noeggerath, J., Die Bellthaler Mineralquelle bei Winningen (Analyse). Rhein. Provinzialblätter. Neue Folge. 1837. Bd. 2. S. 237—241.

Prieger, J. E. P., Creuznach u. s. w. Creuznach.

Warmholz, A., Das Trappgebirge und Rothliegende am südlichen Abhange des Hundsrücken. Karsten, Archiv f. Min. Bd. 10. S. 325—437.

Zehler, J. G., Das Siebengebirge und seine Umgebungen. 2 geogn. Karten und Profile. Crefeld.

— — Topographisch-geognostische Umrisse der Rheinländer. In Rein. Eilfte Fortsetz. d. jährl. Nachrichten von der höhern Stadtschule zu Crefeld. Crefeld.

Zitterland, Aachens heisse Quellen. Aachen.

1838.

Braun, M., Strophostoma und Scoliostoma in den Tertiärschichten von Mainz. Neue Jahrb. f. Min. u. s. w. S. 291—298.

Dunker, W., Vorkommen von Bernstein im Oolith an der Porta Westphalica, Baryt-

spath und Strontianit im Oolith des Wesergebirges. Studien d. Götting. Ver. bergm.
Fr. Bd. 4. S. 280—281. Daraus im N. Jahrb. f. Min. u. s. w. v. Leonh. u. Bronn.
S. 675—676.

Jung, C., Beschreibung des Betriebes auf den Dachschieferbrüchen zwischen Rhein und Mosel. Karsten u. v. Dechen, Archiv f. Min. Bd. 11. S. 319—341.

Wyck, H. J. v. d., Vermuthungen und Betrachtungen über die Ausmündung des Rheinstromes im Weltmeere. N. Jahrb. f. Min. u. s. w. S. 245—277.

1839.

Becks, F., Vorläufige Notiz über ein neues Vorkommen von Asphalt in Westphalen. Ann. d. Phys. Pogg. Bd. 47 (123). S. 397—400.

Bischof, G., Ueber den brennenden Berg bei Dudweiler. N. Jahrbuch f. Min. u. s. w. Jahrg. 1889. S. 514.

Beyrich, E., Considérations sur les roches fossilifères du terrain de transition du Rhin. Traduit par H. Le Coq. Ann. d. Min. Sér. 3. Vol. 15. p. 51—78.

Ehrenberg, C. G., Ueber die Dysodil genannte Mineralspezies als ein Product aus Infusorienschalen. (Rott). Ann. d. Phys. Poggend. Bd. 48 (124). S. 573—575.

Engelmann, Creuznach u. s. w. Heidelberg.

Goldfuss, B., Beiträge zur Petrefactenkunde. 4 Steindrucktafeln. Nova Acta Acad. Caes. Leop. Carol. T. 19. P. 1. p. 327—364.

Höninghaus, F. W., Vogelknochen im Maynzer Tertiarkalk, Conularia quadrisulcata. N. Jahrb. f. Min. u. s. w. Jahrg. 1839. S. 70—71.

Levallois, J. B. J., Note sur un sondage exécuté à Cessingen dans le grand duché de Luxembourg. Ann. des Min. Sér. 3. Vol. 16. p. 295—297.

Menke, K. Th., Calamiten, Enkriniten und Odontosaurus bei Pyrmont. N. Jahrb. f. M. u. s. w. v. Leonh. u. Bronn. Jahrg. 1839. S. 74.

Piderit und Brandes, Die Gasquellen in Meinberg. Hannover.

Schmitt, Ph., Geognostische Studien am Litermonte. 1 Karte. Saarlouis u. Trier.

Wirtgen, Ph., Das Ahrthal und seine sehenswerthen Umgebungen. (Enthält Geognostisches.) Bonn.

1840.

Anonym. Die Anwendbarkeit des Westphälischen Asphaltes zu Trottoir und Fahrbahnen. (Notiz über das Vorkommen.) Karsten und v. Dechen, Arch. f. Min. Bd. 14. S. 587—590.

Becks, F. C., Ein neues Vorkommen von kohlensaurem Strontian in Westphalen. Ib. Bd. 14. S. 576—584.

— — Ueber das Schwefelwasserstoffgas der artesischen Brunnen in Westphalen. Ann. d. Phys. Poggend. Bd. 50 (126.) S. 546—552.

Bronn, H. G., Ctenocrinus, ein neues Krinoiden-Geschlecht der Grauwacke. N. Jahrb. f. Min. u. s. w. v. Leonh. u. Bronn. Jahrg. 1840. S. 542—548.

Göppert, H. R., Ueber die neulichst im Basalttuff des hohen Seelbachskopfes bei Siegen entdeckten bituminösen und verkieselten Hölzer, so wie über die der Braunkohlenformation überhaupt. Karsten und v. Dechen, Archiv f. Min. Bd. 14. S. 182—196.

Hädenkamp, H., G. Rose und Becks, Ueber den bei Hamm in Westphalen gefundenen Strontianit. Ann. d. Phys. Pogg. Bd. 50 (126.) S. 189—192.

Höninghaus, F. W., Wirbelthierknochen von Mombach im Maynzer Tertiarbecken. N. Jahrb. f. Min. u. s. w. v. Leonh. u. Bronn. Jahrg. 1840. S. 219.

Menke, K. Th., Pyrmont und seine Umgebungen mit besonderer Hinsicht auf seine

Mineralquellen; historisch-geographisch, physikalisch und medicinisch dargestellt. Mit topographisch-geognost. Karte. Zweite Auflage. Pyrmont. Anzeige im N. Jahrb. f. Min. u. s. w. v. Leonh. u. Bronn. Jahrg. 1841. S. 253 u. 254.

Meyer H. v., Versteinerungen von Münsterappel N. Jahrb. f. Min. u. s. w. v. Leonh. u. Bronn. Jahrg. 1840. S. 586.

Noeggerath, J, Das Vorkommen des Basalts mit verkieseltem und bituminösem Holze am hohen Seelbachskopf im Grunde Seel und Burbach bei Siegen. Karsten und v. Dechen, Archiv f. Min. Bd. 14. S. 197—229. Uebersetzt in Ann. des Mines Sér. 3. Vol. 18. p. 439—476.

— — Ueber die Gebirgsbildungen der linken Rheinseite in den Gegenden zwischen Düsseldorf bis zur Maas bei Roermonde. Karsten u. v. Dechen, Archiv f. Min. Bd. 14. S. 230—244. Daraus im N. Jahrb. f. M. u. s. w. v. Leonh. u. Bronn. Jahrg. 1844. S. 859.

— — Granit im Basalte eingeschlossen am Mondeberg bei Linz am Rhein. Ib. S. 245—247. Daraus im N. Jahrb. f. Min. u. s. w. v. Leonh. u. Bronn. Jahrg. 1844. S. 834.

— — Erdbeben in der Gegend von Mayen und Niedermendig beim Laacher-See. Ib S. 572—575.

Schweizer, E., Analyse des Porphyrs von Creuznach im Nahethal. Ann. d. Phys. Poggend. Bd. 51 (127). S. 287—290. Daraus im N. Jahrb. f. Min. u. s. w. v. Leonh. u. Bronn. Jahrg. 1842, S. 329 u. 330.

Steininger, J., Geognostische Beschreibung des Landes zwischen der unteren Saar und dem Rheine. 1 Karte und Nachträge 1841. Trier. Kritische Bemerk. über die Steininger'sche Arbeit (Geogn. Beschreib. des Landes zw. d. unt. Saar u. d. Rheine). Göttinger gelehrte Anzeiger. S. 1401.

Varrentrapp, F., Chem. Untersuchung des Noseans, Hauyns, Lasursteins u. s. w. Ann. d. Phys. Pogg. Bd. 49 (125). S. 515—522.

Vogler, Mineralquellen. Frankfurt.

Weaver, Th., On the Mineral Structure of the South of Ireland, with correlative matter on Devon and Cornwall, Belgium, the Eifel. From the London and Edinburgh Philos. Magazine for April 1840. Besonderer Abdruck, paginirt S. 1—46.

1841.

Bauer, A., Die Silber, Blei und Kupfergänge von Holzappel an der Lahn, Wellmich u. Werlau am Rhein. Karsten und v. Dechen, Archiv f. Min. Bd. 15. S. 137—209.

Becks, F. C., Bemerkungen über eine Höhle in Westpbalen. Mit 1 Taf. N. Jahrb. f. Min. u. s. w. v. Leonh. u. Bronn. 1841. S. 143—161.

Dreves, F., Notiz über die geognost. Beschaffenheit des Waldek'schen Landes. Neue Jahrb. f. Min. u. s. w. v. Leonh. u. Bronn. Jahrg. 1841. S. 549—555.

Dumont, A., Mémoire sur les terrains triasique et jurassique de la Province de Luxembourg Mém. de l'Acad. roy. d. Belg. Bruxelles.

Göppert, H. R., Die Gattungen fossiler Pflanzen verglichen mit denen der Jetztzeit. Bonn. (6 Lieferungen.)

Goldfuss, A., Hippotherium gracile im Löss a. d. Mosel. N. Jahrb. f. Min. u. s. w. v. Leonh. u. Bronn. Jahrg. 1841. S. 357—358.

Gümbel, Th., Ueber den brennenden Berg bei Dudweiler. Schulprogramm. Zweibrücken.

Leonhard, G., Ueber einige pseudomorphosirte zeolithische Substanzen aus Rheinbaiern (Niederkirchen). Ann. d. Phys. Poggend. Bd. 54 (130). S 579—585 und im N. Jahrb. f. Min. u. s. w. v. Leonh. u. Bronn. Jahrg. S. 269—314.

Meyer, H. v., Pholidosaurus Schaumburgensis aus der Wealdformation Norddeutschlands. N. Jahrb. f. Min. u. s. w. v. Leonh. u. Bronn. Jahrg. 1841. S. 441—445.

Noeggerath, J., Ueber einen vulkanischen Punkt im Soonwald-Gebirge, zwischen Creuznach und Stromberg. Karsten und v. Dechen Archiv. f. Min. Bd. 15. S. 755—757. Daraus im N. Jahrb. f. Min u. s. w. v. Leonh. u. Bronn. Jahrg. 1843. S. 359.

— — Zirkon (Hyazinth) in der porösen Mühlstein-Lava von Niedermendig. Ib. S. 758. Daraus im N. Jahrb. f. Min. u. s. w. v. Leonh. u. Bronn. Jahrg. 1841. S. 696.

Rammelsberg, C., Bemerkungen über das sogen. schlackige Magneteisen aus dem Basalt von Unkel. Ann. d. Phys. Pogg. Bd. 53 (139). S. 129—130. Daraus im N. Jahrb. f. Min. u. s. w. v. Leonh. u. Bronn. Jahrg. 1841. S. 326.

Ravenstein, A., Erläuterungen zu dem Relief der Rheinlande, in den Jahren 1838 bis 1841 ausgeführt. Frankf. a. M.

Salm-Horstmar, F. W. Fürst zu, Zerlegung des Torfs (Coesfeld). Ann. d. Phys. Pogg. gend. Bd. 53 (129). S. 624—625. Daraus im N. Jahrbuch für Min. u. s. w. v. Leonh. u. Bronn. Jahrg. 1842. S. 327 u. 328.

Sandberger, G., Stringocephalen-Kalk von Weilburg, neue Versteinerung im Wissenbacher Schiefer. N. Jahrb. f. Min. u. s. w. v. Leonh. u. Bronn. Jahrg. 1841. S. 236—241.

Thomä, C., Das unterirdische Eisfeld bei der Dornburg am südl. Fusse des Westerwaldes. Mit Situationskarte. Wiesbaden.

1842.

Anonym. Die Mineralquellen zu Geilnau, Giessen.

Anonym. Natürlicher Eiskeller im Westerwald. Ann. d. Phys. Pogg. Ergänzungsband nach 51. S. 517—519.

Becks, F. C., Bemerkungen über eine neue Knochenführende Höhle in Westphalen. Karsten und v. Dechen, Archiv f. Min. Bd. 16. S. 176—186.

Leonhard, G., De quelques cas de pseudomorphoses présentés par des zéolithes de Niederkirchen, dans la Bavière rhénane. Ann. d. Min. Sér. 4. Vol. 2. S. 479—481.

Noeggerath, J., Erdbeben in der Rheinprovinz im März und April 1841. Karsten und v. Dechen, Archiv f. Min. Bd. 16. S. 349—357.

— — Basaltdurchbruch im bunten Sandstein bei Nierstein am Rhein. Ib. S. 358—362.

— — Vorkommen des Gabbro bei Ehrenbreitstein. Ib. S. 363—366.

— — Geognostische Beobachtungen über die Eisensteinformation des Hunsrückens. Ib. S. 470—521.

Rammelsberg, C., Psilomelan aus Siegen. Rammelsb. Handwörterb. II. S. 72. Daraus im N. Jahrb. f. Min. u. s. w. v. Leonh. u. Bronn. Jahrg. 1842. S. 599.

Ratzeburg, J. T. C., Forstwissenschaftliche Reisen durch verschiedene Gegenden Deutschlands. Berlin. (Enthält Geognostisches über Laach, die Nahegegenden und Saarbrücken.)

Sandberger, G., Vorläufige Uebersicht über die eigenthümlichen bei Villmar an der Lahn auftretenden jüngeren Kalkschichten der älteren (sog. Uebergangs-) Formation, besonders nach ihren organischen Einschlüssen, und Beschreibung ihrer wesentlichsten neuen Arten u. s. w. N. Jahrbuch f. Min. u. s. w. v. Leonh. u. Bronn. Jahrg. 1842. S. 379—402.

— — Grauwacke bei Weilburg (Villmar), ihre Schichten, Versteinerungen, Alter, Schaalstein, Goniatiten und Cyathocrinus pinnatus. Ib. S. 226—229.

— — Villmarer Versteinerungen: Goniatites, Strophomena. Ib. S. 709—710.

Sedgwick, A. and R. J. Murchison, On the distribution and classification of the older or palaeozoic Deposits of the North of Germany and Belgium; followed by a description of the fossil mollusca by E. De Verneuil and Viscount d'Archiac. Besonderer Abdruck aus Trans. of the Geol. Society of London. Vol. 6.

1843.

Becks, F. C., Ueber fossile Fährten, besonders jene am Ister-Berge. N. Jahrb. für Min. u. s. w. v. Leonh. u. Bronn. 1843. S 188—190.

Benningsen-Förder, v., Geognostische Beobachtungen im Luxemburgischen. Karsten und v. Dechen, Archiv f Min. Bd. 17. S. 3—51.

Goldenberg, Fr., Grundzüge der geognostischen Verhältnisse und der vorweltlichen Flora in der nächsten Umgegend von Saarbrücken. Schulprogramm des Gymnasiums zu Saarbrücken. Saarbrücken S. 1 32.

Klipstein, A. v., Ueber die Dolomite der Lahngegenden und das damit verbundene Vorkommen von Manganerzen. Karsten u. v. Dechen, Arch. f. Min. Bd. 17. S. 265 303.

Lütke, F., Ueber das Vorkommen der Holzstämme im Agger- und Wiehlthale. Ib. Bd. 17. S. 380—384.

Meyer, H. v., Summarische Uebersicht der fossilen Wirbelthiere des Mainzer Tertiär-Beckens mit besonderer Rücksicht auf Weisenau. N. Jahrb. f. Min u. s. w. v. Leonh. u. Bronn. Jabrg. 1843. S. 379 - 410.

Noeggerath, J., Das Erdbeben in der Gegend von Bonn vom 25. Mai 1842. Karsten und v. Dechen, Archiv f. Min. Bd. 17. S. 376—379.

— — Das Erdbeben in den Kreisen Mayen und Coblenz vom 13. October 1842. Ib. S. 791—794.

Oeynhausen, C. v., Die Bohrlöcher von Grenelle und Neusalzwerk. Ann. d. Phys. Pogg. Bd. 59 (135). S. 494—496.

Riegel, E., Die salinische Schwefel- und die Salz-Quelle bei Grumbach. Landau.

Sandberger, G., Weilburger Kalkformation, ihre Fossilreste und deren Synonyme. N. Jahrb. f. Min. u. s. w. v. Leonh. u. Bronn. Jahrg. 1843. S. 595—598.

— — und *F.*, Ueber das Vorkommen von Versteinerungen im Rotheisenstein von Weilburg a. d. Lahn. Ib. S. 775—782.

1844.

Dechen, H. v., Ueber einen Lavastrom im Nettethale. Verh. d. nat. Ver. Jahrg. 1. S. 65—70. Mit 2 Profilen.

Ehrenberg, C. G., Ueber einen deutlichen Einfluss des unsichtbar kleinen organischen Lebens als vulkanisch gefrittete Kieselmasse auf die Massenbildung von Bimsstein, Tuff, Trass, vulkanischem Konglomerat und auch auf das Muttergestein des nordasiatischen Marekanits (Hochsimmer). Bericht über d. z. Bekanntm. geeig. Verhandl. der K. Pr. Acad. d. Wiss. zu Berlin. S. 324—344.

— — Nachtrag zur Mittheilung über den Einfluss der mikroskopischen Organismen auf vulkanische Gebilde. Ibid. S. 407. (Titel.)

Förstemann, Ueber das magnetische Verhalten der Basalte und Laven in der Eifel. Verh. d. nat. Ver. Jabrg. 1. S. 4 13.

Gergens, F., Apateon pedestris im Brandschiefer von Münsterappel. N. Jahrb. für Min. u. s. w. Jabrg. 1844. S. 49.

Göppert, H. K., Ueber die Holzarten in der braunkohlenartigen Ablagerung im Agger- und im Wiehlthale. Karsten und v. Dechen, Archiv f. Min. Bd. 18. S. 527—529. Daraus im N. Jahrb. f. Min. u. s. w. v. Leonh. u. Bronn. Jahrg. 1844. S. 836.

Grandjean, M., Die Dolomite und Braunstein-Lagerstätten im unteren Lahnthale. N. Jahrb. f. Min. u. s. w. Jahrg. 1844. S. 548—552

Horstmann, S, Geologische Verhältnisse der Sodener Gegend und ihre Heilquelle S.

F. Stiebel. Soden und seine Heilquellen, Frankf. 1840. S. 33 ff. Daraus im N. Jahrb. f. Min. u. s. w. Jahrg. 1844. S. 232—234.

Meyer, H. v., Apateon pedestris von Münsterappel. N. Jahrb. f. Min. u. s. w. Jahrg. 1844. S. 336.

— — Fossile Knochen aus Höhlen im Lahnthale. N. Jahrb. f. Min. u. s. w. v. Leonh. u. Bronn. Jahrg. 1844. S. 431—439.

Müller, J., Bericht über die Erforschung der Petrefakten bei Aachen. Verhandl. des naturh. Vereines der preuss. Rheinlande. Jahrg. 1. Correspondenzbl. 6 u. 7. S. 51.

Noeggerath, J., Zur architektonischen Mineralogie der Preuss. Rheinprovinz (Kölner Dom, Münsterkirche in Bonn, antike Säulen im Münster zu Aachen). Karsten und v. Dechen, Archiv f. Min. Bd. 18. S. 455—490.

— — Nachtrag: Zur Bildung der Kohle auf nassem Wege von Göppert. Karsten und v. Dechen Archiv f. Min. Bd. 18. S. 531.

— — Vorkommen lebendiger Wesen im kleinsten Raume in der Rheinprovinz (Infusorienlager am Hochsimmer bei Mayen). Verh. d. nat. Ver. Jahrg. 1. Correspondenzblatt 6 u. 7. S. 52.

Roemer, C. Ferd., Das Rheinische Uebergangsgebirge Hannover.

Sedgwick, A. und *Murchison* Ueber die älteren oder Paläozoischen Gebilde im Norden von Deutschland und Belgien, nebst einer Uebersicht der Fauna der Paläozoischen Gebilde. Von d'Archiac und Verneuil. Bearb. von G. Leonhard. Stuttgart.

1845.

Anonym. Verhältnisse der Steinkohlen in der Pfalz. Hartmann, berg- und hüttenmännische Zeitschr. Bd. IV. S. 873.

Barnstedt, A. E. J., Geographisch-historisch-statistische Beschreibung des Grossherz. Oldenburgischen Fürstenthums Birkenfeld, mit Topographie und Karte. (Enthält Geognostisches.) Birkenfeld.

Bischof, G., Achatgruben bei Oberstein. Köln, Zeit. No. 341. 7. Dec. Beil.

Damour, A.. Untersuchung einiger als Beudantit bezeichneten Krystalle von Horhausen, Ann. de Chim. T. 10. p. 73. Daraus im N. Jahrb. f. Min. u. s. w. v. Leonh. u. Bronn. Jahrg. 1845. S. 330.

Dechen, H. v., Die Feldspath-Porphyre in den Lenne-Gegenden. Karsten u. v. Dechen, Archiv f. Min. Bd. 19. S. 367—452. Mit 1 Karte. Daraus im N. Jahrb. f. Min. u. s. w. v. Leonh. u. Bronn. Jahrg. 1846. S. 350—353.

— — Das Vorkommen des Rotheisensteins und der damit verbundenen Gebirgsarten in der Gegend von Brilon. Ib. S. 453—582. Daraus im N. Jahrb. f. Min. u. s. w. v. Leonh. u. Bronn. Jahrg. 1846. S. 354—360.

— — Das Vorkommen des Schwerspaths als Gebirgsschicht bei Meggen an der Lenne. Ib. S. 748—753. Daraus im N. Jahrb. f. Min. u. w. v. Leonh. u. Bronn. Jahrg. 1846. S. 732—733.

— — Ueber einen fossilen Baumstamm (Syringodendron pulchellum) winkelrecht gegen die Schichtung bei Neunkirchen, Trappgebirge am Südfusse des Hunsrücken. Köln. Zeit. No. 325. Beil. 21. Nov.

— — Eifeler Vulkane; Porphyr und Basalt-Konglomerat. N. Jahrb. f. Min. u. s. w. Jahrg. 1845. S. 582—583.

Ehrenberg, C. G., Vorläufige zweite Mittheilung über die weitere Erkenntniss der Beziehungen des kleinsten organischen Lebens zu den vulkanischen Massen der Erde. I. Ueber die vulkanischen Infusorien-Tuffe (Pyrobiolithen) vom Rhein. Bericht über d. z. Bekanntm. S. 133—139.

Liebig, J. Freih. v., Untersuchung der Mineralquellen von Soden. Frankfurt.

Löhr, M. J., Der St. Matheiser Sauerbrunnen, ein Eisensäuerling, oberhalb des Ortes St. Mathias bei Trier. Physik. u. chem. untersucht. Cöln.

Meyer, H. v., Fossile Wirbelthiere im Lahnthale; Frösche im oberen Tertiärkalk bei Osnabrück. N. Jahrb. f. Min. u. s. w. Jahrg. 1845. S. 797—799.

M., S. v., Geologische Thatsachen am Teutoburger Walde. Bergm. Freund. Bd. 7. S. 378 ff. Daraus im N. Jahrb. f. Min. u. s. w. Jahrg. 1845. S. 110.

Monheim, V., Chemische Untersuchung zweier Mineralien vom Altenberge bei Aachen. Verh. d. nat. Ver. Jahrg. 2. S. 75 - 80.

Noeggerath, J. Pyromorphit und Pseudomorphosen von Kautenbach. Köln. Zeit. No. 325. 21. Nov. Beil.

— — Pseudomorphosen nach Steinsalz von Eicks und Igel. Köln. Zeitung. No. 341. 7. Dec. Beil.

— — Ueber die sogenannten natürlichen Schächte oder geolog. Orgeln in verschiedenen Kalksteinbildungen. N. Jahrb. f. Min. u. s. w. v. Leonh. und Bronn. Jahrg. 1845. S. 513 - 535.

Römer, F., Geognostischer Durchschnitt durch die Gebirgskette des Teutoburger Waldes. 1 Taf. Neue Jahrb. f. Min. u. s. w. v. Leonh. u. Bronn. Jahrg. 1845. S. 269—277.

— — Beschreibung eines inneren Kelchgerüstes bei der Gattung Cupressocrinus. 1 Taf. Ib. S. 291—296.

— — Die zur Kreide-Formation gehörigen Gesteine in der Gegend von Aachen. Ib. S. 385—394.

— — Das Rheinische Uebergangsgebirge, Durchschnitt des Jura bei Minden. 1 Taf. Lias bei Herafeld. Ib. S. 181 - 194.

Sandberger, Fr., Ueber die Mineralien des Laacher See's. N. Jahrbuch f. Min. u. s. w. v. Leonh. u. Bronn. Jahrg. 1845. S. 140 - 149.

— — Nassauische Mennige; Psilomelan in Braunspath-Form., Diorit an der Schiefergrenze bei Weilburg und deren Kontakt-Produkte. N. Jahrb. f. Min. u. s. w. v. Leonh. u. Bronn. Jahrg. 1845. S. 577—581.

— — *G.*, Petrefakten von Oberscheld. Ib. S. 174—177.

— — Schaalstein mit Versteinerungen und Porphyrgeschieben bei Weilburg. Ibid. S. 457 - 458.

Steifensand. Ueber Sedimentbildung des Rheins. Köln. Zeit. No. 141. 21. Mai.

1846.

Bartels, C. G., Der Lavastrom in der Bomskaule am Katzenberge unterhalb Mayen. Verh. d. nat. Ver. Jahrg. 3. S. 23—26.

— — Notizen zur vulkanischen Topographie der Niedereifel. Ib. S. 46 - 50.

Bischof, G., Analyse der Salzsoole aus dem Bohrloche bei Neusalzwerk. Köln. Zeit.

— — Analyse von 33 Mineralquellen in den Umgebungen des Laacher See's und 38 süssen Quellen in den Rheingegenden. Köln. Zeit. No. 315. 11. Nov. Beil. Daraus im N. Jahrb. f. Min. u. s. w. v. Leonh. u. Bronn. Jahrg. 1846. S. 615 u. 616.

Burkart, J., Die Diorite an der Nahe und Alsenz. Verh. d. nat. Ver. Jahrg. 3. S. 3—5.

— — Rutsch- oder Spiegelflächen an dem Diorite von Boppard. Verh. d. nat. Ver. Jahrg. 3. Corresp.-Blatt. S. 20.

Dechen, H. v., Vulkanische Erscheinungen bei Bertrich. Köln. Zeit. No. 180. 29. Jan. Beilage.

— — Ueber den Donnersberg. Ib. No. 846. 12. Dec. Beil.

Dechen, H., v., Geognost. Untersuchung des Rheinischen Haupt-Bergdistrikts. N. Jahrb. f. Min. u. s. w. Jahrg. 1846. S. 323.

— — Bemerkungen über das Trappgebirge am Südrande des Hunsrücken. Ibid. S. 127—128.

— — Ueber einen fossilen Baumstamm bei Neunkirchen. Ib. S. 126 u. 127.

Duhr, J., Ueber ein merkwürdiges Ganggestein auf dem Gipfel der Lurley. Verh. des nat. Ver. Jahrg. 3. S. 28—30.

— — Thonschiefer im Kontakt mit dem Grünstein bei Boppard. Ib. Corresp. S. 18.

Dunker, W., Monographie der norddeutschen Wealdenbildung. Braunschweig.

Ehrenberg, C. G., Weitere Untersuchungen des mikroskopischen organischen Verhältnisses zu den vulkanischen Ablagerungen beim Laacher See am Rheine u. s. w. Bericht über d. z. Bekanntm. geeign. Verh. d. K. Pr. Akad. d. Wissensch. zu Berlin. Jahrg. 1846. S. 158—171.

Elsner, L., Zusammensetzung des Rhein. Trasses oder Ducksteins. Erdm. u. March Journ. Bd. 33. S. 21. Daraus im N. Jahrb. f. Min. u. s. w. v. Leonh. u. Bronn. Jahrg. 1846. S. 74.

Grandjean, M. C., Der Lahn-Tunnel bei Weilburg. N. Jahrb. f. Min. u. s. w. v. Leonh. u. Bronn. Jahrg. 1846. S. 443—451.

Göppert, H., Ueber die zur Untersuchung der fossilen Flora unternommene Reise in die Rheinprovinz und Westphalen. Köln. Zeit. No. 315. 11. Nov. Beil.

Gümbel, C. W., Geognostische Bemerkungen über den Donnersberg. Mit 1 Taf. Neu; Jahrb. f. Min. u. s. w. Jahrg. 1846. S. 543—576.

Meyer, H. v., Der Wirbelthier-Gehalt der diluvialen Spalten- und Höhlen-Ausfüllungen im unteren Lahnthale. Ib. S. 513—542.

Noeggerath, J., Ueber einige Knochen führende Höhlen in dem grossen rheinisch-westphäl. Kalkzuge. Karsten und v. Dechen, Archiv f. Min. Bd. 20. S. 328—351. Daraus im N. Jahrb. f. Min. u. s. w. v. Leonh. u. Bronn. Jahrg. 1847. S. 111—114.

— — Achatkugeln von Idar und vom Weiselberge, Flussspath im Porphyr von Creuznach, Humboldtit im Tertiärthon bei Duisburg. Köln. Zeit. No. 315. 11. Nov. Beil.

— — Pseudomorphosen von Bleiglanz nach Pyromorphit, von Berncastel a. d. Mosel. N. Jahrb. f. Min. u. s. w. v. Leonh. u. Bronn. Jahrg. 1846. S. 163—170.

— — Irreguläre Steinsalz-Krystalle und Pseudomorphosen nach solchen. Ib. S. 307—317.

— — Geologische Orgeln; Rheinbreitbach; alte, Blendegrube im Bergischen; Metall-Gänge im Steinkohlengebirge. Ib. S. 456.

— — Die unterirdischen Mühlsteinbrüchen von Niedermendig und Mayen. (Köln. Zeit.) Ib. S. 857—864.

— — Neue Fundorte einiger Mineralien in der Rheinprovinz. Verh. d. nat. Vereins. Jahrg. 3. S. 63—64.

Rivot, E., Mémoire sur la houillière, les mines et usines à zinc de Stolberg (Prusse Rhénane). Ann. des Min. Sér. 4. Vol. 10. p. 469—554.

Sandberger F., Das Rhein- (Devon) System an neuen Fundorten. N. Jahrb. für Min. u. s. w. Jahrg. 1846. S. 325.

— — Lagerung von Spiriferen-Sandstein und Wissenbacher Schiefer. Ib. S. 476.

Tischbein und *J. Noeggerath*, Achat- und Amethyst-Kugeln (grosse Mandeln) aus dem Melaphyr-Gebirge von Oberstein. Verh. d. nat. Ver. Jahrg. 3. Corresp. 2 u. 3. S. 16.

1847.

Anonym. Bad Bertrich im Uesbachthale an der Mosel. Mit einleitenden Worten von

A. v. Humboldt und einer geognostischen Uebersicht von H. v. Dechen. Mit 2 Karten. Coblenz.

Bischof, G., Ueber die Glimmerbildung auf nassem Wege (Laacher-See). Amtl. Bericht über d. 25. Vers. deutsch. Naturf. u. Aerzte in Aachen. Aachen 1849. S. 245—256.

Bergemann, C., Ueber die chemische Zusammensetzung einiger vulkanischen Gebirgsarten. Karsten u. v. Dechen, Archiv f. Min. Bd. 21. S. 3—48.

Bögner, J., Das Erdbeben und seine Erscheinungen. Mit einer Karte vom Verbreitungsbezirk des Erdbebens v. 29. Juli 1846. Frankfurt a. M.

Carnall, R. v, Geognostische Verhältnisse der Galmeilagerstätte von Altenberg (Vieille Montagne). Köln. Zeit. 320. 16. Nov. Beil.

Debey, M. H., Sphäroidische und ellipsoidische Bildungen im Aachener Sande. Amtl. Bericht über d. 25. Vers. deutscher Naturforsch. u. Aerzte in Aachen. Aachen 1849. S. 213—215.

— — Geognostisch-geogenetische Darstellung der Gegend von Aachen. Amtl. Bericht über die 25. Vers. deutsch. Naturf. u. Aerzte in Aachen. Aachen 1849. S. 269—328. Mit 1 Tafel. Anzeige im N. Jahrb. f. Min. u. s. w. v. Leonh. u. Bronn. Jahrg. 1850. S. 92—95.

Dechen, H. v., Zu Gümbel's Beschreibung des Donnersberges N. Jahrb. f. Min u. s. w. v. Leonh. u. Bronn. Jahrg. 1847. S. 319.

— — Ueber v. Oeynhausen's Karte des Laacher See's. Köln. Zeit. No. 135. 15. Mai. 2. Beil. Daraus im N. Jahrb. f. Min. Jahrg. 1847. S. 449—452.

— — Ueber das Vorkommen der Quecksilbererze in dem Pfälzisch-Saarbrückenschen Kohlengebirge. Köln. Zeit. No. 55. 24. Febr. Beil. Daraus im N. Jahrb. für Min. u. s. w. v. Leonh. u. Bronn Jahrg. 1847. S. 866—867.

— — Koprolithen in den Eisensteinnieren von Lebach. Köln. Zeit. No. 320. 16. Nov. Beil.

Dellmann, F., Ueber die Entstehung der im Nahe-Gebiete vorkommenden Zeolithe. Verh. d. nat. Ver. Jahrg. 4. S. 61—66.

— — Ueber eine Barytfelsmasse bei Creuznach. Ib. S. 66—68.

Göppert, H. R., Vorläufige Nachrichten über die jüngste Untersuchung der fossilen Flora am Rheine und in Westphalen (Köln. Zeit. 1846. 11. Nov. Beilage. N. Jahrb. f. Min. u. s. w. v. Leonh. u. Bronn. Jahrg. 1847. S. 107—109.

— — Ob fossile Pflanzen im Obersteiner Achat. N. Jahrb. f. Min. u. s. w. v. Leonh. u. Bronn. Jahrg. 1847. S. 716.

Goldenberg, Fr., Ueber den Charakter der fossilen Flora des Steinkohlengebirges im Allgemeinen und die verwandtschaftliche Beziehung der Gattung Noeggerathia insbesondere. (Notiz über den Vortrag) Verh. d. nat. Ver. Jahrg. 4. 85-86.

Goldfuss, A. Ueber das älteste Reptil (Archegosaurus und einige neue Fische aus der Steinkohlenformation. Köln. Zeitung. No. 55. 24. Febr. Beil. N. Jahrb. f. Min. u. s. w. v. Leonh. u. Bronn. Jahrg. 1847. S. 400—404. Mit 1 Taf.

— — Beiträge zur vorweltlichen Fauna des Steinkohlengebirges. Bonn. Mit 5 Tafeln, Anzeige im N. Jahrb. f. Min. u. s. w. Jahrg. 1850. S. 103 u. 104.

— — Die Knochenreste eines in der Papierkohle des Siebengebirges gefundenen Moschusthieres. Nova Acta Acad. Caes. Leop. Carol. T. 22. P. 1. p. 343—352. 2 Taf.

— — Ueber Archegosaurus von Lebach mit Bemerkungen von H. v. Meyer u. Jaeger. Amtl. Bericht über die 25. Versamml. deutsch. Naturforsch. u. Aerzte in Aachen. Aachen 1849. S 218—219.

Grandjean, M. C., Dioritbildungen und Eisensteinlager um Weilburg. N. Jahrb für Min. u. s. w. v. Leonh. u. Bronn. Jahrg. 1847. S. 170.

Höninghaus, F. W., Fischzähne aus den Spalten des Bergkalks bei Ratingen. Amtl. Bericht über die 25. Versamml. d. Ges. deutscher Naturfors. u. Aerzte in Aachen. Aachen 1849. S. 212.

Jordan, H., Entdeckung fossiler Crustaceen im Saarbrücken'schen Steinkohlengebirge. Verh. d. naturh. Vereins. Jahrg. 4. S 89—92. Daraus im. N. Jahrb. f. Min. u. s. w. v. Leonh. u. Bronn. Jahrg. 1848. S. 125 u. 126.

Möller, Fr. W. v., Das Königliche Soolbad bei Neu-Salzwerk. Nebst einigen allgemeinen einleitenden Bemerkungen von C. v. Oeynhausen. Berlin.

Monheim, V., Willemit von Altenberge. Amtl. Bericht über die 25. Vers. deutscher Naturf. und Aerzte in Aachen. Aachen 1849. S. 220 - 221.

— — Verbindung von kohlens. Zinkoxyd und kohlens. Eisenoxydul vom Altenberge. Ib. S. 227—234.

Müller, Jos., Monographie der Petrefacten der Aachner Kreideformation 1. Abth. mit 2 Tafeln. Bonn.

— — Ueber die Gattung Turritella. (Besonders aus der Acheuer Kreide.) Amtl. Bericht über d. 25. Versamml. deutscher Naturf. und Aerzte in Aachen. Aachen 1849. S. 234—245.

— — (Driburg). Fährten ähnliche Concretionen aus dem Muschelkalk bei Driburg. Ib. S. 210—211.

Noeggerath, J., Das Erdbeben vom 29. Juli 1846 im Rheingebiet und den benachbarten Ländern. Bonn. Angeige im N. Jahrb. für Min u. s. w. v. Leonh. u Bronn. Jahrg. 1847. S. 743—746.

— — Der Bergschlüpf vom 20. Dec. 1846 an den Unkeler Basaltsteinbrüchen bei Oberwinter. Bonn. Köln. Zeit. No. 136. 16. Mai. 3. Beil. Anzeige im N. Jahrb. f. Min. u. s. w. Jahrg. 1848. S. 834. u. 835.

— — Oberstein an der Nahe. Die Entstehung und Ausbildung der Erde vorzüglich durch Beispiele aus Rheinland und Westphalen erläutert. Gesammelte populäre Flugblätter. Stuttgart S. 50—67.

— — Der Laacher See. Ib. S. 68—98.

— — Die unterirdischen Mühlsteinbrüche von Niedermendig und Mayen. Ib. S. 99—115. Auch Köln. Zeit. No. 187 u. 188. 6. u. 7. Juli 1845.

— — Die drei Berge von Siegburg. Ib. 116—133.

— — Der Roderberg bei Rolandseck, ein erloschener Vulkan. Ib. S. 133—144. Auch Köln. Zeit. No. 115. 25. April 1845.

— — Die Höhlen mit Knochen urweltlicher Thiere im rheinisch-westphälischen Gebirge. Ib. S. 212—228. Auch Köln. Zeit. No. 95, 96 u. 99. 5. 8. u. 9. April 1845.

— — Die Erdbeben. (Notiz über Erdbeben im Rheinland.) Ib. S. 229—273.

— — Holland ein Geschenk des Rheins. Eine geologische Betrachtung. Ib. S. 274—287. Auch Köln. Zeit. No. 106. 16. April 1845.

— — Geologische Orgeln und die Thermalquellen von Burtscheid. Amtl. Bericht über die 25. Vers. deutscher Naturf. u. Aerzte in Aachen. Aachen 1849. S. 24.

— — Ueber die Entstehung der Galmei-Lagerstätten am Altenberg und in der Umgegend von Aachen. Ib. S. 245.

— — Ueber ein Erdbeben im Rheinthale vom 12. Oct. 1845. Karsten u. v. Dechen, Archiv. f. Min Bd. 21. S. 198—199.

— — Röhrenartiges Gebilde aus dem Chalcedon von Oberstein. Amtl. Bericht über die 25. Versamml. der Ges. deutscher Naturforsch. u. Aerzte in Aachen. Aachen 1849. S. 211.

Noeggerath, J., Kugeln und Mandeln aus dem Melaphyr der Nahegegend. Ibid. S. 217—218.
— — Umänderung gewöhnlicher Braunkohlen in Pechkohlen von der Hardt bei Pützchen unfern Bonn. Köln. Zeit. No. 186. 16. Mai. 3. Beilage. Mit Bemerk. von G. Bischof. Amtl. Bericht über die 25. Vers. deutsch. Naturf. u. Aerzte in Aachen. Aachen 1849. S. 260—263.
— — Flussspath in der Rhein-Provinz. N. Jahrb. f. Min. u. s. w. v. Leonh. u. Bronn. Jahrg. 1847. S. 36.
— — Die drei Berge bei Siegburg. (Köln. Zeit.). Ib. S. 97—104.
— — Eschütterungs-Kreis des Erdbebens vom 29. Juli 1846. Ib. S. 239—241.
— — Künstliche Chalcedone von Oberstein; Bergschlüpf bei Oberwinter. Ib. S. 570—571.
— — Braunkohlenlager bei Liessem. Köln. Zeit. No. 320. 16. Nov. Beilage.
— — Basalt im Thonschiefer am Hagerhofe bei Menzenberg. Ibid.
— — Imprägnation von Erzen im Nebengestein metallischer Gänge. Kölnische Löcher an der Lahn. Köln. Zeit. No. 359 u. 360. 25. Dec. 1. Beilage.
Oeynhausen, C. v., Erläuterungen zur geognostisch-orographischen Karte der Umgebung des Laacher See's. Berlin. Anzeige im N. Jahrb. f. Min. u. s. w. v. Leonh. u. Bronn. Jahrg. 1847. S. 738—743.
— — Ueber die Bohrversuche auf Steinsalz zu Neusalzwerk in Westphalen. Amtl. Bericht über d. 25. Versamml. d. Ges. deutscher Naturf. u. Aerzte in Aachen 1849. Aachen. 1849. S. 10—12.
— — Das Bohrloch bei Neusalzwerk (Einleitung der Schrift: Das Königl. Soolbad bei Neusalzwerk von Dr. F. W. von Möller). Berlin 1847. Annal. der Phys. Poggend. Bd. 71 (147). S. 316—320.
Overweg, Ad., De compositione et origine trium collium ad urbem Siegburgum sitorum. Diss. geogn. Bonnae.
Reuter, L., Analyse de l'eau du puits artésien de Mondorf. Ann. d. Min. Sér. 4. Vol. 11. p. 593—594.
Rhodius, R., Neue Analysen rheinischer u. westphälischer Mineralien. Verh. d. nat. Ver. Jahrg. 4. S. 92 u. 93.
Sandberger, Fr., Uebersicht der geologischen Verhältnisse des Herzogthums Nassau. Wiesbaden.
— — *G.*, Ueber die Grauwacken-Versteinerungen der Gegend von Coblenz. Mit einem Zusatze von Ph. Wirtgen. Verh. d. nat. Ver. Jahrg. 4. S. 101—104.
— — Vertheilung der Grauwacken-Versteinerungen bei Coblenz. N. Jahrb. f. Min. u. s. w. Jahrg. 1847. S. 463.
Schnabel, C., Analysen des Kobalterzes von Philippshoffnung. Sphärosiderits aus dem Basalt der Grube Alte Birke, Meudipit von der Grube Kunibert, Doppelspath von Brilon u. s. w. Ann. d. Phys. Poggend. Bd. 71(147). S. 516.
Wirtgen, Ph., Grauwacken-Versteinerungen bei Coblenz. Verh. des naturh. Vereins 1847. S. 103. Daraus im N. Jahrb. f. Min. u. s. w. v. Leonh. u. Broun. Jahrg. 1848. S. 737.
Zitterland, Aachen und Burtscheid. Taschenbuch für Curgäste.

1848.

Amsler, C., Analyse des Schwefelwassers zu Weilbach. Wöhl. u. Lieb. Ann. Bd. 55. S. 246. Daraus im N. Jahrb. f. Min. u. s. w. v. Leonh. u. Bronn. Jahrg. 1848. S. 813.
Berger, R., De fructibus et seminibus ex formatione lithanthracum. Dissert. inaug. Breslau.

Beyrich, E., Ueber Xenacanthus Decheni und Holocanthodes gracilis, Fische aus dem Rothliegenden in Nord-Deutschland. Bericht über d. Verh. d. Acad. d. Wiss. zu Berlin. Jahrg. 1848. S. 28—33.

Bischof, G., Lehrbuch der chemischen und physik. Geologie. Bonn. 2. Aufl. 1863—66. Suplem. 1871.

Burat, A., Mémoire sur les relations des roches trappéenes avec les minerals de cuivre et de fer, et sur l'assimilation des schalstein du Dillenburg, des blatterstein du Hartz, et des gabbro de la Toscane. Ann. d. min. Sér. 4. Vol. 13. p. 351—378.

Carnall, R. v., Braunstein-Vorkommen in den Lahngegenden und Lagerungsverhältnisse des Sphärosiderits bei Dambroich. Köln. Zeit. No. 12. 12. Jan. Beilage.

Debey, M. H., Uebersicht der urweltlichen Pflanzen des Kreidegebirges überhaupt und der Aachener Kreideschichten insbesondere. Verh. d. nat. Ver. Jahrg. 5. S. 113—125. Daraus im N. Jahrb. f. Min. u. s. w. v. Leonh. u. Bronn. Jahrg. 1850. S. 115—117.

— — Ueber eine neue Gattung urweltlicher Coniferen aus dem Eisensand der Aachener Kreide. Ib. S. 126—142. Daraus im N. Jahrb. f. Min. u. s. w. v. Leonh. u. Bronn. 1850. S. 117 u. 118.

Dechen, H. v., Ueber Spaltbarkeit schieferiger Gebirgsarten, die von der Schichtung abweicht. Verh. d. nat. Ver. Jahrg. 5. S. 27—33. Köln. Zeit. No. 12. 12. Jan. Beil.

— — Das Vorkommen der Quecksilbererze in dem Pfälzisch-Saarbrückenschen Kohlen-Gebirge. Karsten u. v. Dechen, Archiv f. Min. Bd. 22. S. 375—464. Daraus im N. Jahrb. f. Min. u. s. w. v. Leonh. u. Bronn. Jahrg. 1848. S. 828—831.

Ehrenberg, C. G., Kiesel-Biolithe oder Infusorien-Tripel von Liessem bei Godesberg und Gusternhain im Westerwalde. Ib. S. 8—12.

Fresenius, R, Zerlegung des körnigen Baryts von Naurod in Nassau. Wöhler u. Liebig, Ann. Bd. 63. S. 390. Daraus im N. Jahrb. f. Min. u. s. w. v. Leonh. u. Bronn. Jahrg. 1848. S. 569.

Girard, H., Westphälisches Uebergangsgebirge bei Arnsberg. N. Jahrb. f. Min. u. s. w. Jahrg. 1848. S. 306.

Göppert, H., R., Ueber fossile Pflanzen im Schwerspath (Creuznach). Ib. S. 24—27.

Goldenberg, Fr. Ueber den Charakter der alten Flora der Steinkohlenformation im Allgemeinen und die verwandtschaftliche Beziehung der Gattung Noeggerathia insbesondere. Verh. d. nat. Ver. Jahrg. 5. S. 17—26. 2 Tafeln.

Goldfuss, A., Ein neuer Seestern, Aspidosoma Arnoldi, aus der Grauwacke. Ibid. S. 145—146. Mit 1 Abbild. Daraus im N. Jahrb f. Min. u. s. w. v. Leonh. u. Bronn. Jahrg. 1851. S. 380.

— — Mochus Meyeri in Papierkohle des Siebengebirges. Nova Acta Leop. Bd. 22. S. 343 Daraus im N. Jahrb. f. Min. u. s. w. v. Leonh. u. Bronn. Jahrg. 1848. S. 367.

Gümbel, C. W., Nachtrag zu den geognost. Bemerkungen über den Donnersberg im N. Jahrb. f. Min. u. s. w. Jahrg. 1848. S. 158—168.

Kreusler, Wildunger Mineralwasser. Arolsen.

Meyer, H. v., Palaeoniscus von Münsterappel, Archegosaurus von Lebach. N. Jahrb. f. Min. S. 467.

Monheim, V., Ueber die krystallisirten Verbindungen des kohlensauren Zinkoxyds mit kohlensaurem Eisenoxydul vom Altenberge bei Aachen. Verh. d. nat. Ver. Jahrg. 5. S. 36—39.

— — Ueber die in der Nähe des Altenberges vorkommenden grünen Eisenspathkrystalle. Ib. 39—40. Daraus im N. Jahrb. f. Min. u. s. w. v. Leonh. u. Bronn. Jahrg. 1848. S. 585.

Monheim, V., Zusammensetzung des Dolomits vom Altenberge bei Aachen. Ib. S. 41. Daraus im N. Jahrb. f. Min. u. s. w. Jahrg. 1848. S. 820.

— — Halloysit vom Altenberge bei Aachen. Ib. S. 41—42. Daraus im N. Jahrb. für Min. u. s. w. Jahrg. 1848. S. 569 u. 570.

— — Ueber die Zusammensetzung des Kieselzinkerzes vom Altenberge u. s. w. Ibid. S. 157—162.

— — Ueber den krystallisirten und den dichten Willemit des Busbacher Berges u. s. w. Ib. S. 162—168. Daraus im N. Jahrb. f. Min. u. s. w. v. Leonh. u. Bronn. Jahrg. 1851. S. 89.

— — Ueber einen Zinkspath neuester Bildung, Grube Busbacher Berg. Ib. S. 168—170.

— — Pyromorphit vom Busbacher Berg. Ib. S. 170—171.

— — Manganzinkspathkrystalle vom Busbacher Berg, so wie über die Unterscheidung, Benennung und Bezeichnung solcher aus isomorphen Verbindungen bestehenden Krystalle. Ib. S. 171—188.

— — Zerlegung von Zinkspath-Abänderungen von Aachen. Rammelsb. Handwörtbuch. Supplem. 3. S. 131. Daraus. im N. Jahrb. f. Min. u. s. w. v. Leonh. u. Bronn. Jahrg. 1848. S. 188.

Müller, F., Die Homburger Heilquellen. Homburg.

Müller, J., Notiz über Ostrea armata von Aachen. Verh. d. nat. Ver. Jahrg. 5. S. 14. 1. Abbild.

— — Ein neues Vererzungsmittel der Petrefacten, mit Nachtrag von Noeggerath. Verh. d. nat. Ver. Jahrg. 5. S. 142—145.

— — Paläontologische Notizen. Ib. S. 152—154.

Noeggerath, J., Interessantes Basalt-Vorkommen in der Rheingegend zwischen Honnef und Rheinbreitbach. Ib. S. 83—86. Mit 1 Abbild. Daraus im N. Jahrb. f. Min. u. s. w. v. Leonh. u. Bronn. Jahrg. 1849. S. 336—338.

— — Notiz über Ehrenberg's Untersuchung des Infusorien-Vorkommens von Liessem. Ib. Jahrg. 5. S. 147 - 150.

— — Die Kunst Onyxe, Carneole, Chalcedone und andere verwandte Steinarten zu färben, zur Erläuterung einer Stelle des Plinius Secundus. Karsten und v. Dechen, Archiv f. Min. Bd. 22. S. 262—278.

— — Natürliche Schächte im Kalkstein (Burtscheid). N. Jahrb. f. Min. u. s. w. Jahrg. 1848. S. 554—555.

— — Braunkohlen auf der Hardt bei Pützchen (Köln. Zeit.). Ib. S. 603—605.

— — Neue Rhein. Mineralien. ib. S. 627.

— — Basalt bei Menzenberg in der Gemeinde Honnef. Ib. S. 628.

Pomel, A., Geologische Erscheinungen im Primsthale bei Saarlouis. Bull. géol. Bd. 3. S. 49. Daraus im N. Jahrb. f. Min. u. s. w. Jahrg. 1848. S. 603.

Römer, Ferd., Teutoburger Wald. N. Jahrb. f. Min. u. s. w. v. Leonh. u. Bronn Jahrg. 1848. S. 786.

Rhodius, B., Zerlegung des Ehlits von Ehl bei Linz a. Rh. Wöhler u. Lieb. Ann. Bd 62. S. 372. Daraus im N. Jahrb. f. Min. u. s. w. v. Leonh. u. Bronn. Jahrg. 1848. S. 211.

— — Metallisches Kupfer in zersetztem Basalt. (Wöhl. u. Lieb. Ann. Bd. 62. S. 212.) S. 323—324.

— — Chlorblei-Bleioxyd von Brilon (Mendipit), Wöhler und Liebig. Annal. Bd. 62. S. 373. Daraus im N. Jahrb. f. Min. u. s. w. v. Leonh. u. Bronn. Jahrg. 1848. S. 704.

Rose, G., Mittheilung über die bei Burg Hohen-Solms unweit Wetzlar gefundenen Quecksilber-Erze. Ib. S. 309. (Nur Titel.)

Sandberger, F., Pseudomorphosen von Psilomelan nach Braunspath u. s w. Buntbleierz von Montabauer. N. Jahrb. f. Min. u. s. w. v. Leonh. u. Bronn. Jahrg. 1848. S. 185.

— — Verbreitung des Bimstein-Sandes im Westerwald und Lahnthal; Cyrenen-Schichten des Mainzer Beckens. Ib. S. 540.

Schmidt, Fr., Die Basaltgänge in dem rheinisch-westphäl. Schiefergebirge, oder nordwärts der Basaltregion des Westerwaldes und in der Umgebung des Siebengebirges. Karsten u. v. Dechen, Arch. f. Min. Bd. 22. S. 103—205.

Schnabel, C., Chemische Untersuchung des gewöhnlichen Muschelkalkes aus der Gegend von Saarbrücken. Verh. d. nat. Ver. Jahrg. 5. S. 150—152.

— — Analyse des Mendipits von der Grube Kunibert bei Brilon. Rammelsb. Handwört. Supplem. 3. S. 78. Daraus im N. Jahrb. f. Min. u. s. w. v. Leonh. u. Bronn. Jahrg. 1848 S. 574.

— — Kobaltglanz und Kobalterz von Siegen. Rammelsb. Handwört. Supplem. 3. S. 65 und Poggend. Ann. Bd. 71. S. 616. Daraus im N. Jahrb. f. Min. u. s. w. S. 703.

— — Sphärosiderit aus Basalt bei Siegen. Rammelsb. Handwört. Suppl. 3. Daraus im N. Jahrb. f. Min. u. s. w. S. 810.

Wirtgen, Ph., Florula bertricensis (Lage und geognostische Verhältnisse). Verh. d. nat. Ver. Jahrg. 5. S. 189-227.

1849.

Baur, F., Erläuterungen zu den Profilen des linksrheinischen Gebirges. Zeitschr. d. d. geol. Ges. Bd. 1. S. 466. 475. Mit 1 Tafel Profile.

Becker, F., Geognost. Skizze des Grossherz. Hessen und seiner nächsten Umgebungen. Aus der vom Verein für Erdkunde zu Darmstadt herausgegebenen Zeitschrift. Darmstadt.

— — L., Vogeleier im Paludinen-Kalke von Mainz. Mit 1 Tafel. N. Jahrb. f. Min. u. s. w. v. Leonh. u. Bronn. Jahrg. 1849. S. 69—72.

Buch, L. v., Betrachtungen über die Verbreitung und Gränzen der Kreidebildungen. Verh. d. nat. Ver. Jahrg. 6. S. 212—242. Mit 1 Karte.

Dechen. H. v., Geschiebe mit Eindrücken in dem Conglomerate des Liegenden der Eschweiler Steinkohlenmulde mit Bemerkungen von Althans über ähnliche Geschiebe im Bleiberger Wackendockel und im Conglomerate des Braunkohlengebirges. Köln. Zeit. No. 294. 9. Dec 1. Beil.

— — Basaltgang in der Grauwacke bei Scheda zwischen Drolshagen und Meinerzhagen. Ibid.

— — Die Kalkspathgänge bei Niederkirchen unfern Wolfstein in Rheinbayern. Verh. d. nat. Ver. Jahrg. 6. S. 61—70.

— — Die Uebersichts-Karte der Berg-Reviere an der Sieg. auf den Maassstab von 1 : 20000 reducirt und gez. durch L. Heis. Berlin, S. Schropp u. Co. Ib. S. 322—345.

— — Ueber A. Dumont's Mémoire sur les terrains ardennais et rhénans de l'Ardenne. du Rhin, du Brabant et du Condros (Köln. Zeit.). N. Jahrb. f. Min. u. s. w. v. Leonh. u. Bronn. Jahrg. 1849. S. 109—110.

— — Körper (Coprolithen) in Sphärosiderit bei Lebach. Ib. S. 608.

Delesse, A., Notice sur le porphyre amygdaloide d'Oberstein. Ann. des Min. Sér. 4. Vol. 16. p. 511--530.

Engstfeld, E., Auftreten der Braunkohlenformation bei Duisburg und den darin gefundenen Humboldtit. N. Jahrbuch für Min. u. s. w. v. Leonh. u. Bronn. Jahrg. 1849. S. 177—182.

Geinitz, C. G., Ueber die Säugethierknochen aus der Sundwiger Höhle. Ib. S. 56—68.
Germar, E. F., Ueber einige Insekten aus Tertiärbildungen. (Besonders von Orsberg bei Linz.) Zeitsch. der deutschen geologischen Gesellsch. Bd. 1. S. 52—66. Daraus im N. Jahrb. f. Min. u. s. w. Jahrg. 1851. S. 759.
Göppert, H. R., Beobachtungen der in der älteren Braunkohlenformation zuweilen in aufrechter Stellung vorkommenden Stämme. Verh. d. nat. Ver. Jahrg. 6. S. 71 - 75.
Grandjean, M. C., Geologische Verhältnisse Nassaus. N. Jahrbuch für Min. u. s. w. v. Leonh. u. Bronn. Jahrg. 1849. S. 185.
— — Die tertiären Gebirgsbildungen des Westerwaldes. Jahrbücher des Vereins für Naturkunde im Herzogthum Nassau. Heft 4 u. 5. S. 143 - 164.
Hess, L. C., Analyse eines an Kohle und kohlensaurem Eisenoxydul reichhaltigen Schiefers aus einem Steinkohlenlager bei Bochum. Ann. d. Phys. Poggend. Bd. 76 (152). S. 113—119.
Höninghaus, F. W., Harpes reflexus aus der Eifel. (Gedruckter Brief.) N. Jahrbuch für Min. u. s. w. Jahrg. 1849. S. 370.
Jordan, H., Ergänzende Beobachtungen zu der Abhandlung von Goldfuss über die Gattung Archegosaurus. Verh. d. nat. Ver. Jahrg. 6. S. 76 81. Mit 1 Abbildung. Daraus im N. Jahrb. f. Min. u. s. w. v. Leonh. u. Bronn. Jahrg. 1849. S. 680. Anmerkungen zu vorstehender Abhandlung von Joh. Müller. Mit Abbild. Ib. S. 81.
— — Triodus sessilis, ein neuer Fisch der Kohlenformation. 1 Fig. N. Jahrbuch für Min. u. s. w. Jahrg. 1849. S. 843.
Mark, W. v. d., Analyse des Grünsandsteins, des Strontianits und des Strontianit führenden Kreidemergels aus der Gegend von Hamm. Verh. d. nat. Ver. Jahrg. 6. S. 269—277.
— — Ueber versteinertes Holz vom Wolsberg bei Siegburg. Ib. S. 278—280.
Mitscherlich, E., Die vulkanischen Erscheinungen der Eifel. Uebersichtskarte und Detailkarten von Daun, Uelmen, Strohn, Rockeskyll u. Gerolstein, Mosenberg (Nur Titel). Bericht über d. Verh. d. Akad. zu Berlin. Jahrg. 1849. S 334.
Monheim, V., Ueber die Ablagerung der verschiedenen am Altenberge bei Aachen vorkommenden Galmoispecies und über die künstliche Bildung des Kieselzinkerzes. Verh. d. nat. Ver. Jahrg. 6. S. 1—23.
— — Ueber Gypsbildungen und über gleichzeitige Bildungen von Eisenzinkspathkryställchen und von einer aus Schwefelzink und Schwefeleisen bestehenden Ablagerung. Ib. S. 24—31. Daraus im N. Jahrbuch f. Min. u. s. w. v. Leonh. u. Bronn. Jahrg. 1849. v. 700.
— — Ueber die in der Grube Severin bei Nirm vorkommenden Pseudomorphosen von Zinkspath nach Kalkspath. Ib. S. 49—54. Daraus im N. Jahrb. f. Min. u. s. w. Jahrg. 1849. S. 862 u. 868.
— — Ueber die im Herrnberge bei Nirm vorkommenden Quarzüberzüge über dichten und krystallisirten Zinkspath, so wie über die dortigen Umhüllungs-Pseudomorphosen von Quarz nach Zinkspath und nach Kieselzinkerz. Ib. S. 54—60. Daraus im N. Jahrb. f. Min. u. s. w. Jahrg. 1850. S. 704 u. 705.
Möller, Fr. W. v., Bad Oeynhausen u. s. w. Berlin.
Müller, Jos., Die Gasteropoden der Aachener Kreide. (Programm des k. Gymnasiums zu Aachen). Mit 1 Tafel. Aachen.
Noeggerath, J., Notes sur les cavités dites puits naturels ou orgues géologiques, qui se rencontrent dans différentes formations calcaires. (Traduit par Plisson.) Ann. d. Min. Sér. 4. Vol. 15. p. 475—496.

Noeggerath, J., Ueber die Achatmandeln in den Melaphyren. Zwei Sendschreiben an W. Haidinger. Naturw. Abhandl. von W. Haidinger. Bd. 3. S. 93—104 und S. 147—162. Mit 3 Tafeln. Wien. Verh. d. nat. Ver. Jahrg. 6. S. 243—260.

— — Ehrenbergit, ein neues Mineral vom Drachenfels im Siebengebirge. Verh. des nat. Ver. Jahrg. 6. S. 509.

— — Bomben und Wassergebilde am Laacher See. N. Jahrb. f. Min. u. s. w. Jahrg. 1849. S. 538.

— — Merkwürdiges Vorkommen eines 60 Fuss mächtigen Braunkohlenlagers bei Liessem unfern Godesberg. (Köln. Zeit.). Neuo Jahrb. f. Min. u. s. w. Jahrg. 1849. S. 607—608.

Römer, F., Geognostische Karte Westphalens. Grünsand von Essen. N. Jahrb. f. Min. u. s. w. Jahrg. 1849. S. 842.

Rhodius, R.. Sur la présence du cuivre métallique dans le basalte en décomposition. Ann. des Min. Sér. 4. Vol. 16. p. 54—55.

Sandberger, G., Neue Polypen-Gattung Sycidium aus der Eifel. Mit 1 Taf. N. Jahrb. f. Min u. s. w. v Leonh. u. Bronn. Jahrg. 1849. S. 671—672.

— — F., Cypridinenschiefer. Ib. S. 74.

— — Tertiärbildungen, Eisenerze, fossile Pflanzen im Westerwalde. Ib. S. 447.

— — Analyse von Buntbleierz aus Nassau. Jahrb. d. Nass. Ver. Bd. 4. S. 226. Neue Jahrb. f. Min. u. s. w. Jahrg. 1849. S. 574—575.

— — Mineralogische Notizen. (Uranglimmer vom Quegstein; arsenikeaures Bleioxyd von Horbausen). Verh. d. nat. Ver. Jahrg. 6. S. 60—61.

— — Nachtrag zu dem Verzeichnisse einheimischer Mineralien in der Uebersicht der geologischen Verhältnisse des Herz. Nassau von Fr. Sandberger. Jahrb. d. Ver. f. Nat. in Nassau. Heft 4 u. 5. S. 202—205.

— — Analysen nassauischer Mineralien. Ib. S. 206—209.

— — Ein gemeinschaftliches Vorkommen von Augit und Hornblende (Schöneberg u. Härtlingen.) Ann. d. Phys. Pogg. Bd. 76 (152). S. 111—118.

— — G., Sicidium, Feigenpolyp, eine neue Gattung aus der Eifel. Verh. d. nat. Ver. Jahrg. 6. S. 264—265.

Schnabel, C., Analyse des Strontianits von Hamm a. d. Lippe. Ib. S. 31—32.

Thomae, C., Das unterirdische Eisfeld und die warmen Luftströme bei Dornberg am südlichen Fusse des Westerwaldes. Jahrb. d. V. f. Nat. Heft 4 u. 5. S. 164—202. Mit einem Situationsplan.

Vogel, C., Quaedam disjunctionis saxorum vulcanicorum exempla. Dissert. Mit 4 Tafeln. Bonn.

Weber, C. O., Basaltsäulen von der Kasseler-Ley im Siebengebirge. Verh. d. nat. Ver. Jahrg. 6. S. 155—161. Mit 1 Tafel. Daraus im N. Jahrb. f. Min. u. s. w. v. Leonh. u. Bronn. Jahrg. 1849. S. 332—336.

1850.

Bischof, G., Analyse des Basalts von der Grube Alte Birke. Köln. Zeit. No. 15. 17. Jan. 1850. Beilage.

— — Analyse eines Feldspaths und zweier Thonsteine aus Rheinbayern. Köln. Zeit. No. 42. 17. Febr. 1850. Beilage.

— — Die Entstehung des Glimmers auf nassem Wege. Köln. Zeit. No. 121. 21. Mai 1850. Beilage.

Bronn, H. G., Gampsonyx fimbriatus Jord. aus der Steinkohlenformation von Saarbrücken und dem Murg-Thale. N. Jahrb. f. Min. u. s. w. Jahrg. 1850. S. 575—583.

Burmeister, *H.*, Die Labyrinthodonten aus dem Saarbrücker Steinkohlengebirge, zoologisch geschildert. (Dritte Abth. der Geschichte der deutschen Labyrinthodonten. Archegosaurus.) 4 Tafeln. Berlin. Notiz in Köln. Zeitung No. 42. 17. Febr. 1850. Beilage.

Dechen, *H. v.*, Ueber die Schichten im Liegenden des Steinkohlengebirges an der Ruhr. Verh. d. nat. Ver. Jahrg. 7. S. 186—208. Daraus im Neuen Jahrb. f. Min. u. s. w. v. Leonh. u. Bronn. Jahrg. 1852. S. 98—108.

Fresenius, *R.*, Chem. Untersuchung der wichtigsten Mineralwasser des Herz. Nassau. 1. Abhandl. Jahrb. d. Ver. f. Nat. Heft 6. 145—196.

Geinitz, *H. B.*, Bemerkungen zu Debey's geognost.-geogenet. Darstellung der Gegend von Aachen. N. Jahrb. f. Min. u. s. w. v. Leonh. u. Bronn. Jahrg. 1850. S 289—301.

Göppert, *H. R.*, Ueber die Flora der Braunkohlenformation überhaupt und die der Rheinlande insbesondere. Karsten u. v. Dechen. Archiv f. Min. Bd. 23. S. 451—467. Daraus im N. Jahrb. f. Min. u. s. w. v. Leonh. u. Bronn. Jahrg. 1852. S. 985—987.

— — Bericht über eine in den Pr. Rheinlanden und einem Theile Westphalens unternommene Reise zum Zwecke der Erforschung der fossilen Flora jener Gegenden Karsten und v. Dechen, Archiv f. Min. Bd. 23. S. 3—42.

— — Monographie der foss. Coniferen. Leiden.

Grimm, *Chr.*, Analysen Nassauischer Mineralien und Gebirgsarten. Jahrb. d. Ver. für Nat. Heft 6. S. 140—145.

Gümbel, *C. W.*, Ueber die Quecksilbererze in dem Kohlengebirge der Pfalz. Verh. d. nat. Ver. Jahrg. 7. S. 83—118.

Hessel, *H.* Ein Bimssteinlager bei Marburg. Annal. der Phys Poggend. Bd. 79 (155). S. 319—323.

List, *K.*, Ueber die chemische Zusammensetzung des Taunusschiefers. Jahrb. d. Ver. f. Nat. H. 6. S. 126—134.

Meyer, *H. v.*, Der Schädel von Hyotherium Meissneri aus dem Tertiärkalke des Salzbachthales bei Wiesbaden. Jahrb. d. Ver. f. Nat. H. 6. S. 116—126. Mit Abbild.

— — Ueber den Archegosaurus der Steinkohlenformation. Palaeont. Bd. 1. S. 209. N. Jahrb. f. Min. u. s. w. v. Leonh. u. Bronn. Jahrg. 1850. S. 104—105.

Noeggerath, *J.*, Ueber die Achat-Mandeln in den Melaphyren. Naturwissensch. Abhandl. W. Haidinger. Bd. 3. S. 93—104 u. 147—162.

— — Das Erdbeben im Reg.-Bez. Düsseldorf im December 1847. Karsten u. v. Dechen, Archiv f. Min. Bd. 23. S. 430—432.

— — Imprägnation von Erzen im Nebengesteine metallischer Gänge. N. Jahrb. f. Min. u. s. w. Jahrg. 1850. S. 100.

Römer, *F*, Wesergebirge zwischen Minden und Braunschw. Zeitsch. d. deutsch. geol. Ges. Bd. 2. S. 301—303. Auch Köln. Zeit. No. 5. 5. Jan. 1851. 3. Ausg.

— — Vorläufige Notiz über die Auffindung einer eocänen (oligocänen) Tertiärbildung bei Osnabrück; mit Bemerkung von E. Beyrich. Ib. S. 233—237. Auch Köln. Zeit. No. 5. 5. Jan. 1851. 3. Ausg

— — Ueber eine merkwürdige erzführende Gangbildung im Kreidemergel bei Blankenrode. Verh. d. nat. Ver. Jahrg. 7. S. 1—3.

— — Beschreibung eines fast vollständigen Exemplares von Fenestella infundibuliformis aus Devon-Schichten bei Waldbroel. Ib. S. 72-78.

— — Notiz über die von Herrn Jaeger nachgewiesene Uebereinstimmung des Pygopterus luoius Ag. mit dem Archegosaurus Dechenii Goldf Ib. S. 155—157.

— — Ueber die geognost. Zusammensetzung des Teutoburger Waldes zwischen Bielefeld und Rheine und der Hügelzüge bei Bentheim. 1 Taf. N. Jahrb. f. Min. u. s. w. Jahrg. 1850. S. 385—417.

Rolle, F., Der Taunus, geognostisch dargestellt. Homburg.

— — Beiträge zur Kenntniss der rheinischen Grauwacke und ihrer Fauna. N. Jahrb. f. Min. u. s. w. Jahrg. 1850. S. 275—288.

— — Weisse Kalkstein-Findlinge vom Laacher See. Ib. S. 602.

— — Ueber des Süsswasser-Quarzgestein von Muffendorf bei Bonn. Ib. S. 788—803.

Sandberger, F., Ueber die geognostische Zusammensetzung der Gegend von Wiesbaden. Jahrb. d. Ver. f. Nat. in Nassau. H. 6. S. 1—27. Mit 1 Karte u. 2 Tafeln Profile.

— — Mineralogische Notizen II. Ib. S. 37—42.

— — Die Versteinerungen des rheinischen Schichtensystems in Nassau. 2 Bde. Wiesbaden. Bis 1854.

— — Carminspath, ein neues Mineral aus der Ordnung d. Arseniate (Horhausen). Ann. d. Phys. Poggend. Bd. 80 (156). S. 391—392.

— — Analyse des Palagonits von Limburg. Jahrb. d. Nass. Ver. Bd. 4. S. 227. N. Jahrb. f. Min. u. s. w. v. Leonh. und Bronn. Jahrg. 1850. S. 58.

— — Mineralien, neu für Nassau. N. Jahrb. f. Min. u. s. w. Jahrg. 1850. S. 190.

— — Ueber die im Herz. Nassau vorkommenden Bleisalze. 1 Taf. Ib. S. 269—274.

Schnabel, C., Analyse verschiedener Kohleneisensteine aus der Steinkohlenablagerung an der Ruhr. Ann. d. Phys. Poggend. Bd. 80 (156). S. 441—446.

— — Neues Vorkommen von Allophan von Goldhausen bei Corbach. Verh. d. nat. Ver. Jahrg. 7. S. 4—5.

— — Untersuchung d. sogenannten Stahlkobalts aus dem Siegenschen. Ib. S. 158—160.

— — Analyse verschiedener Kohleneisensteine aus der Steinkolenablagerung a. d. Ruhr. Ib. S. 209—216.

Syder, Fr., Analyse der Masse eines Selterser Wasserkruges. Jahrb. d. Ver. f. Nat. H. 6. S. 197—199.

Wildenstein, R., Analysen Nassauischer Mineralien. Ib. S. 184—147; S. 200—203.

Wirtgen, Ph., Der Lavablock im Tauber bei Tönnisstein. Mit Nachschrift von H. v. Dechen. Verh. d. nat. Ver. Jahrg. 7. S. 40—44.

Zeiler, F., Geologische Verhältnisse der Umgegend von Coblenz. Verh. d. nat. Vereins. Jahrg. 7. S. 134—154.

1851.

Anonym. Nassauische Mineralquellen. beschrieben durch einen Verein von Aerzten. Wiesbaden.

Bischof, G., Bildung der Kalksedimente im Meere. Köln. Zeit. No. 5. 6. Jan. 3. Beil.

— — Ueber Dolomitbildung. Köln. Zeit. 19. März. Beil.

Buch, L. v., Ueber Lagerung der Braunkohlen in Europa. Bericht über d. Verh. der Akad. d. Wiss. z. Berlin. Jahrg. 1851. S. 683—701.

Castendyck, W., Galmei in der Zechsteinformation am Rochusberg bei Ibbenbühren. Köln. Zeit. No. 167. 13. Juli 2. Ausg.

Debey, M. H., Beitrag zur fossilen Flora der holländischen (Provinz Limburg) Kreide. Verh. d. nat. Ver. Jahrg. 8. S. 568—569.

— — Fossile Wirbelthiere im Aachner Diluvialgebilde. Ib. S. 569—570.

Dechen, H. v., Karte d. Siebengebirges. Ib. S. 816.

— — Trachyt und Trachytkonglomerat im Siebengebirge. Köln. Zeit. No. 5. 5. Jan. 3. Ausgabe.

Decken, H. v., Basaltbruch bei Obercassel und Basaltgang im Basaltkonglomerat. Köln. Zeit. No. 137. 8. Juni.

— — Saphir. Hyazinth und Sphen im Trachytkonglomerat von Langenberg. Köln. Zeit. No. 137. 8. Jan.

— — Jurakalkstein-Stücke bei Kloster Laach. Neue Jahrb. f. Min. u. s. w. Jahrg. 1851. S. 60.

Debey, M. H., Fossile Wirbelthiere im Aachener Diluvialgebilde. Ibid. S. 569—570.

Delesse, A., Ueber den Mandelstein-Porphyr von Oberstein. Karsten u. v. Dechen, Arch. f. Min. Bd. 22. S. 3—10.

Dunker, W, Ammonites Gervillianus d'Orb., vom Grävinghagener Stollen bei Oerlinghausen. Palaeontographica Bd. 1. Lief. 6. (1851). S. 324—325.

Eichwald, E. v., Naturhistorische Bemerkungen, als Beitrag zur vergleichenden Geognosie, auf einer Reise durch die Eifel, Tirol, Italien, Sicilien und Algier. Aus dem Nouv. Mém. d. l. Soc. des Natur. Moskau und Stuttgart, im N. Jahrbuch für Min. u. s. w. v. Leonh. u. Bronn. Jahrg. 1852. S. 108—110.

Ewig, O., Beobachtungen über die Eigenschaften und therapeutischen Wirkungen des Heilbronn. Märzheft der Rhein. Monatsschr. f. pr. Aerzte. Cöln. S. 121--140 und Separat-Abd.

Fresenius. R., Chem. Untersuchung der wichtigsten Mineralwasser den Herz. Nassau. 2te Abh. Jahrb. d. V. f. Nat. H. 7. II. Abth. S. 145—202.

— — Chemische Untersuchung der wichtigsten Kalksteine des Herz. Nassau. Ibid. S. 241—257.

Geinitz. H. B., Ueber Grünsand-Formation und Flammenmergel im Teutoburger Walde. N. Jahrb. f. Min. u. s. w. Jahrg. 1851. S. 62.

Göppert, H. R., Vorläufige Uebersicht der fossilen Pflanzen des Rheinischen Schichtensysteme in Nassau. Jahrb. d. V. f. Nat. H. 7. II. Abth. S. 141 -144.

— — Ueber Stigmaria ficoides (Stamm mit Wurzeln im Bonner Museum von der Saarbrücker Eisenbahn und Vorkommen auf der Grube Präsident bei Bochum). Zeitsch. d. d. geol. Gesellsch. Bd. 3. S. 278—302. Mit 3 Tafeln.

Grandidier, Bad Nenndorf. Berlin.

Grandjean. M. C., Die Pseudomorphosen des Mineralreichs in Nassau. Jahrb. d. V. f. Nat. H. 7. S. 212. 140.

Ibell, Nassauische Heilquellen. Wiesbaden.

Mark, W. v. d., Analysen einiger zum westphäl. Uebergangsgebirge gehörenden Gebirgsarten. Mit Bemerkungen dazu von G. Bischof. Verh. d. nat. Ver. Jahrg. 8. S. 56—71.

Meyer, H. v., Placothorax Agassizi und Typodus glaber, zwei Fische im Kalkstein der Eifel. Palaeontographica. Beiträge zur Naturgeschichte der Vorwelt von W. Dunker u. H. v. Meyer. Bd. 1. Lief. 2. (1847.) S. 102—104.

— — Apateon pedestris aus der Steinkohlenformation von Münsterappel. Ibid. Bd. 1. Lief. 4. (1848). S. 153—154. .

— — Jonotus reflexus, ein Trilobit aus der Grauwacke der Eifel. Ib. S. 183—184.

— — Ueber den Archegosaurus aus der Steinkohlenformation. Ibid. Lief. 5. (1849). S. 209—215.

— — Sphyraenodus aus dem Tertiärsande von Flonheim. Ibid. Lief. 6. (1851). S. 280—282.

Müller, Jos., Monographie der Petrefacten der Aachener Kreideformation. 2. Abth.

mit 4 Tafeln. Bonn. (Darin wiederholt das Progamm d. K. Gymn. zu Aachen von 1849.)

Müller, Jos., Neue Beiträge zur Petrefacten-Kunde der Aachener Kreideformation. Mit 1 Taf. Aachen.

Noeggerath, J., Ueber Eindrücke in Geschieben. Köln. Zeit. No. 68. 20. März.

Rammelsberg, C., Ueber die Zusammensetzung des Augits und der Hornblende von Härtlingen u. s. w. Ann. d. Phys. Poggend. Bd. 83. (159). S 458—461.

Römer, Ferd., Beiträge zur Kenntniss der fossilen Fauna des Devon-Gebirges am Rhein. Verh. d. nat. Ver. Jahrg. 8. S. 357—376. Mit 2 Tafeln.

— — Ueber einige neue Versteinerungen aus dem Muschelkalke von Willebadessen. Palaeontogr. Bd. 1. Lief. 6. (1851) S. 311—314.

— — Vorkommen von Gault-Fossilien im Flammenmergel des N.-W. Deutschlands. 1 Taf. N. Jahrb. f. Min. u. s. w. Jahrg. 1851. O. 309—315.

— — Gault-Fossilien im Flammenmergel des N.-W. Deutschlands; Hils Versteinerungen bei Bentheim. S. 576—577.

Rolle, F., Ueber neue devonische Vorkommnisse. 1 Taf. N. Jahrb. f. Min. u. s. w. v. Leonh. u. Bronn. Jahrg. 1851 S. 661—666.

— — Zwei devonische Korallen aus der Sippe Raptaria. 1 Taf. Ib. S. 810—813.

Rose, G., Ueber Nickelspeise und Plakodin. Annal. d. Phys. Poggend. Bd. 84 (160). S. 596—597.

Sandberger, F., Ueber das Vorkommen von Smaragdochalcit im Herzogth. Nassau. Ann. d. Phys. Pogg. Bd. 82. (158). S. 133—136.

— — Cyanstickstoff-Titan aus Nassau. Ib. Bd. 83 (159). S. 596—597.

— — Ueber das Vorkommen des Smaragdo-Calcits im Herzogth. Nassau. Jahrb. d. Ver. f. Nat. H. 7. II. Abth. S. 139 - 141.

— — Mineralogische Notizen III. Ib. S. 257—268.

— — Einige Mineralien aus dem Gebiete der Nassauschen Diabase. N. Jahrb. f. Min. u. s. w. v. Leonh. u. Broun. Jahrg. 1851. S. 150—160.

— — Porphyr um Schaumburg. Cypridinen-Schiefer im Rupbachthale. Ib. S. 60.

— — Tertiärbildungen gleich alt mit dem Mainzer Becken. Ib. S. 177.

— — Analogie der Land- und Süsswasser-Fauna des Mainzer Beckens und des Mittelmeeres. Ib. S. 676.

— — G., Ueber Goniatiten und insbesondere die Varietäten-Reihe des Goniatites retrorsus v. Buch. 1 Taf. Ib. S. 536—554.

Schäffer, J. R., Die Bimssteinkörner bei Marburg in Hessen und deren Abstammung aus Vulkanen der Eifel. Inaug.-Dissert. Marburg.

Schnabel, O., Das Breithaupt'sche Mineral »Plakodin« wahrscheinlich ein Hüttenprodukt. Ann. d. Phys. Poggend. Bd. 84 (160). S. 585—588.

— — Analyse von Spatheisensteinen aus der Gegend von Siegen. Verh. d. nat. Ver. Jahrg. 8. S. 72—84.

— — Untersuchung eines Nickelerzes von der Grube Merkur bei Ems an der Lahn. Ib. S. 307—308.

— — Untersuchung einer krystallisirten Hochofenschlacke von der Sayner Hütte. Ib. S. 514—517.

— — Das Breithaupt'sche Mineral »Plakodin« wahrscheinlich ein Hüttenproduct. Ib. S. 571—574.

Stein, C. A., Ueber ein Basaltvorkommen bei Espenschied im Wisperthale. Jahrb. des Ver. f. Nat. H. 7. II. Abth. S. 203—207.

Thilenius, G., Sodens Heilquellen. Frankfurt.
Troschel, F. H., Unterkiefer eines fossilen Raubthieres aus der Braunkohle von Rott. Köln. Zeit. No. 67. 19. März. Beil.
Troschel, F. H., Fossile Fische aus der Papierkohle von Rott u. Stösschen. Köln. Zeit. No. 305. 21. Dec. 2te Ausg.
— — Ueber neue fossile Fische von Winterburg. Verh. d. nat. Ver. Jahrg. 8. S. 518 —542. Mit 6 Tafeln. Daraus N. Jahrb. f. Min. u. s. w. v. Leonh. u. Bronn. Jahrg. 1853. S. 217—218.
Volts, F., Geologie des Grossherz. Hessen N. Jahrb. f. Min. u. s. w. Jahrg. 1851. S. 816.
Weber, C. O., Ueber die Tertiärflora der niederrheinischen Braunkohlenformation. Zeitsch. d. d. geol. Ges. Bd. 3. S. 391—404. Auch in Köln. Zeit. No. 137. 8. Juni.
— — Ueber die Süsswasserquarze von Muffendorf bei Bonn. 2 Taf. Naturwiss. Abhandl. W. Haidinger. Bd. 4. S. 19—46.
Zaddach, C. G., Beobachtungen über die magnetische Polarität des Basaltes und der trachytischen Gesteine. Verh. d. nat. Ver. Jahrg. 8. S. 195—306. Mit 3 Tafeln.
Zeiler, F. u. *Ph. Wirtgen*, Singhofen. Versteinerungen des Unter-Devon. Jahrb. des Ver. f. Nat. H. 7. II. Abth. S. 285—292.

1852.

Albers, Chem. Untersuchung einiger Kochsalz-Arten (von Gottesgabe bei Rheine, Neusalzwerk, Salzuffeln und Rothenfelde). Verh. d. nat. Ver. 9. S. 602—604.
Anonym. Grosse Bleiglanz-Masse auf Diepenlinchen bei Stolberg (Zeit.) N. Jahrb. f. Min. u. s. w. Jahrg 1852. S. 713.
Bauer, Devonische Grauwacke und Kalke des Niederrheins und ihre Versteinerungen. Ib. S. 192—193.
Bischof, G., Mittheilung über den warmen Säuerling im Ahrthale zwischen Heppingen und Wadenheim. Köln. Zeit. No. 190. 8. Ausg.
— — Ueber die Absätze des Rheins N. Jahrb. f. Min. u. s. w. v. Leonh. u. Bronn. Jahrg. 1852. S. 385—398. Köln. Zeit. No. 127. 27. Mai.
Dechen, H. v., Geognostische Beschreibung des Siebengebirges am Rhein. Verh. des nat. Ver. Jahrg. 9. S. 289—567. Mit 1 Karte. Auch als besonderer Abdruck unter demselben Titel. Köln. Zeit. No. 68. 19. März. 2te Beilage.
— — Insecten-Reste von Goldenberg im Saarbrücker Steinkohlengebirge aufgefunden. Verhandl. d. nat. Ver. Jahrg. S. 605.
— — Versteinerungen in der Kiesgrube bei Friesdorf N. Jahrb. f. Min. u. s. w. Jahrg. 1852. S. 971. Köln. Zeit. No. 68. 19. März. 3te Beilage.
Ewich, O., Der Führer am Laacher See und durch das Brohlthal. Neuwied.
Fischer, W., Die Heilquellen zu Lippspringe. Paderborn.
Fresenius, R., Ueber das Vorkommen von Borsäure in dem Wasser des Kochbrunnens zu Wiesbaden. Jahrb. d. Ver. f. Nat. H. 8. II. Abth. S. 94—96.
— — Chem. Untersuchung der wichtigsten Mineralwasser. 8te Abh. Ib. S. 97—118.
— — Chem. Untersuchung einiger der wichtigsten nassauischen Thone. Jahrb. d. Ver. f. Nat. H. 8. Abth. II. S. 145—162.
— — Analyse der Mineralquelle von Schlangenbad. Ann. d. Chem. u. Pharm. Bd. 23. S. 252—253.
Girard, H., Geognostische Untersuchungen in Westphalen v. 1847 bis 1851. Köln. Zeit. N. 330. 21. Dec.
Göppert, H. R., Fossile Flora des Uebergangsgebirges. Nov. act. acad. C. L. C. Nat. cur. vol. XXII. Breslau u. Bonn. Mit 44 Taf.

Goldenberg, Fr., Ueber versteinerte Insektenreste und Lycopodieen im Steinkohlengebirge von Saarbrücken. Amtl. Bericht über die 29. Vers. der Gesellsch. deutsch. Naturf. und Aerzte zu Wiesbaden 1852. Wiesb. 1853. S, 123—126.

Goldenberg, Fr., Insekten im Saabrücker Steinkohlengebirge (Zeitschr. d. d. geol. Ges. Bd. 4. S. 246. Daraus im N. Jahrb. f. Min. u. s. w. v. Leonh. und Bronn. Jahrg. 1852. S. 996.

Goldfuss, A., Die Knochenreste eines in der Papierkohle des Siebengebirges aufgefundenen Moschusthieres. Nov. Acta Ac. Leop. Car. Vol. 22. Bonn. Mit 2 Tafeln.

Grandjean, M. C., Beitrag zur Kenntniss des Rheinischen Gebirgsystems in Nassau. N. Jahrb. f. Min. u. s w. Jahrg. 1852. S. 267—281.

— — Gesteine des Westerwaldes; Quarzbildungen auf nassem Wege. Ib. S. 294—295.

Herold, G. H., Kohleneisenstein im Steinkohlengebirge an der Ruhr und feuerfester Thon daselbst. Verh. d. nat. Ver. Jahrg. 9. S. 606.

Hosius, Tertiär-Versteinerungen von Dingden bei Bocholt. Ib. S. 604—606.

Huene, A. v., Das Vorkommen von Galmei, Blende, Bleierz, Schwefelkies und Braunkohle bei Bergisch-Gladbach. Zeitsch. d. d. geol. Ges. Bd. 4. S. 571—575. Mit 1 Tafel. Daraus im N. Jahrb. f. Min. u. s. w. v. Leonh. u. Bronn. Jahrg. 1854. S 827—829.

— — Das Vorkommen von Hartmanganerz im Trachyt vom Drachenfels am Rhein. Ib. S. 576—578.

Jordan, H., Ueber das Vorkommen fossiler Crustaceen in der Saabrücker Steinkohlenformation. Amtl. Bericht üb. d. 29. Vers. der Ges. deutscher Naturf. und Aerzte zu Wiesbaden 1852. Wiesbaden 1853. S. 122—123. Köln. Zeit. No. 293. 14. Nov.

Klipstein, A. v., Geognost. Darstellung des Grossherz. Hessen u. des Preuss. Kreises Wetzlar. Frankfurt a. M.

List, K., Chem.-mineralog. Untersuchung des Taunusschiefers. Jahrb. d. Ver. f. Nat. H. 8. Abth. II. S. 128—144.

Mark, W. v. d., Mineralien aus einer Kiesgrube bei Hamm. Verhandl. d. nat. Ver. Jahrg. 9. S. 595.

Menke, K. Th., Pinites Menkeanus Göppert im Lippe'schen Keuper N. Jahrb. f. Min. u. s. w. Jahrg. 1852. S. 468.

Meyer, H. v., Chelydra Decheni von Rott, Braunkohle vom Siebengebirge. Palaeontogr. Bd. 2. Lief. 5. (1852.) S. 237—247.

— — Schlangenhaut und Batrachier in der Papierkohle des Siebengebirges und von Stössschen, N. Jahrb. f. Min. u. s. w. Jahrg. 1852. S. 467—468.

Noeggerath, J., Gediegen Kupfer mit Prehnit im Melaphyr von Reichenbach bei Birkenfeld. Köln. Zeit. No. 22. 25. Jan.

— — Die Skelette von Araucarien in Koks aus Ruhr-Steinkohlen, wie solche Göppert im Koks aus der Gegend von Aachen gefunden hat. Köln. Zeit. No. 68. 19. März.

— — Kohleneisenstein aus der Grafsch. Mark. Köln. Zeit. No. 127. 27. Mai.

— — Galmeilagerstätten bei Berg. Gladbach. Köln. Zeit. No. 149. 22. Jan. 2. Ausg.

— — Vorkommen von Bleiglanz und Blendefragmenten auf der Grube Humboldt. Ib.

— — Schwefelkieskrystalle im Thonschiefer bei Montjoie Ib..

— — Röhrenartige Gebilde mit Querscheiben im Chalcedon bei Oberstein. Ib.

— — Bimssteinlager im Rhein. Alluvium in der Glockengasse in Köln. Jb. No. 168. 12. Juli.

Philippi, O. W., Untersuchung des Faulbrunnenwassers zu Wiesbaden Jahrb. d. Ver. f. Nat. H. 8. II. Abth. S. 90—94.

Plattner, C. F., Zum Plakodin. Ann. d. Phys. Poggend. Bd. 85 (161). S. 64.

Römer, F., Die Kreidebildungen im Becken von Münster (Brief an L. v. Buch.) Zeitschr. d. d. geol. Ges. Bd. 4. S. 698—710.

Römer, F., Alter des Kreide Sandsteins im südl. Theile des Teutoburger Waldes. N. Jahrb. f. Min. u. s. w. v. Leonh. u. Bronn. Jahrg. 1852. S. 185—191.

— — Neue Art von Platycrinus im Devonkalk zwischen Hagen und Iserlohn mitgetheilt von Bauer. Köln. Zeit. No. 22. 25. Jan.

— — Notiz über die Auffindung von Ammonites auritus in Kreideschichten bei Neuenheerse im Teutoburger Walde als Beitrag zur Entscheidung der Frage nach der Art der Verbreitung des Gault in Deutschland. Id. S. 728—733.

— — Beiträge zur Kenntniss der fossilen Fauna des Devon-Gebirges am Rhein. Verh. d. nat. Ver. Jahrg. 9. S. 281—288. Mit 2 Tafeln. Daraus im N. Jahrb. f. Min. u. s. w. v. Leonh. u. Bronn. Jahrg. 1853. S. 238.

Rolle, F., Pfälzer Kohlengebirge. Ib. S. 59.

Sandberger, F., Cypridinen-Schiefer in Deutschland und England. Ib. S. 56.

— — Smaragdocalcit im Nassauschen. Pogg. Ann. 82. S. 133. Daraus im N. Jahrb. für Min. u. s. w. S. 224.

— — Versteinerungen im Spiriferen Sandstein von Coblenz. Ib. S. 452.

— — Bleilasur (Linarit) aus Nassau. Ann. d. Phys. Pogg. Bd. 85 (161). S. 302—304.

— — Beobachtungen über mehrere schwierige Punkte der Organisation der Goniatiten. Jahrb. d. Ver. f. Nat. H. 7. II. Abth. S. 293—304.

— — Ueber die geognostische Zusammensetzung der Umgegend von Weilburg. Jahrb. d. Ver. f. Nat. H. 8. II. Abth. S. 1—148. Mit 1 Karte und 4 Tafeln.

— — Mineralogische Notizen. Jahrb. d. Ver. f. Nat. H. 9. II. Abth. S. 119—123. Daraus im N. Jahrb. f. Min. u. s. w. v. Leonh. u. Bronn. Jahrg. 1853. S. 174 u. 175.

— — Die Land- und Süsswasserfauna des Mainzer Beckens. Jahrb. d. Ver. f. Nat. H. 8. II. Abth. S. 144.

— — Ueber die Analogieen der fossilen Land- und Süsswasserfauna des Mainzer Beckens mit der lebenden der Mittelmeerländer. Mit Bemerkungen von v. Klipstein, F. Voltz, H. v. Meyer. Amtl. Bericht über die 29. Vers. deutsch. Naturf. u. Aerzte zu Wiesbaden 1852. Wiesb. 1853.

Schmidt, J. T. J., Blitzröhren bei Lippspringe. Köln. Zeit. No. 329. 20. Dec.

Schulz, A., Mikroskopische Untersuchung der wichtigsten Mineralquellen von Nassau. Jahrb. d. Ver. f. Nat. H. 8. II. Abth. S. 49—89. Mit 2 Tafeln.

Stein, C. A., Ueber ein Eisensteinvorkommen bei Oberneisen. Jahrb. d. Ver. f. Nat. H. 8. II. Abth. S. 123—127. Daraus im N. Jahrb. f. Min. u. s. w. v. Leonh. u. Bronn. Jahrg. 1853. S. 727.

Voltz, Fr., Uebersicht der geologischen Verhältnisse des Grossherz. Hessen. Mainz.

— — Geologische Bilder aus dem Mainzer Becken. Mainz.

— — Mitteltertiär-Gebirge und Fossil-Reste in Rhein-Hessen. N. Jahrb. f. Min. u. s. w. Jahrg. 1852. S. 433—435.

— — Verbreitung der einzelnen Tertiärschichten im Mainzer Becken. Ib. S. 586—588.

Walchner, F. A., Description du bassin tertiaire de Mayence. (Traduite par Benzler et Bronne.) Ann. d. Min. Sér. 5. Vol. 2. p. 439—452.

Weber, O., Die Tertiärflora der Niederrheinischen Braunkohlenformation. Palaeont. Bd. 2. Lief. 4. (1851). S. 115—170 und Lief. 5. (1852). S. 111—236.

Wirtgen, Ph. und *Zeiler*, Uebersicht der um Coblenz in den unteren Lagen der devonischen Schichten vorkommenden Petrefakten. N. Jahrb. f. Min. u. s. w. v. Leonh. u. Bronn. Jahrg. 1852. S. 920—939.

1853.

Amelung, C. G., Die Erzgänge im Kreidemergel bei Blankenrode, unweit Stadtberge. Verh. d. nat. Ver. Jahrg. 10. S. 217—219.

— — Chem. Untersuchungen verschiedener Erze aus dem Bergmeisterei-Reviere Westphalen. Ib. S. 219 - 228.

— — Chem. Untersuchung des Thonschiefers und der Grauwacke in der Nähe der Erzlagerstätte zu Ramsbeck. Ib. S. 228—230.

— — Chem. Untersuchung des zwischen Borlinghausen und Willebadessen aufgefundenen Sphärosiderits. Ib. S. 236—231.

Anonym. Verzeichniss von Versteinerungen aus der mittleren devonischen Abtheilung in den Kreisen Altena, Gummersbach, Waldbroel und einigen angrenzenden Gegenden. Verh. d. nat. Ver. Jahrg. 10. S. 231—246. Mit 3 Tabellen.

Bode, F., Nauheim u. s. w. Cassel.

Buch, L. v., Ueber die Lagerung der Braunkohlen in Europa. Karsten u. v. Dechen Archiv f. Min. Bd. 25. S. 143—173.

Burkart, J., Pseudomorphosen von Brauneisenstein nach Kalkspath von der Grube Enkenberg bei Bredelar. Köln. Zeit. No. 354. 22. Dec. Beil. Daraus in N. Jahrb. f. Min. u. s. w. Jahrg. 1854. S. 191.

Casselmann, W., Chem. Untersuchungen über die Braunkohlen des Westerwaldes. Jahrb. d. V. f. Nat. H. 9. Abth. II. S. 49—81.

Castendyk, W., der Rochusberg oder Röchelsknapp bei Ibbenbühren. Verh. d. nat. Ver. Jahrg. 10. S. 140—151.

— — Geogn. Skizze aus dem nordwest. Deutschland (Ibbenbühren und Hüggel). N. Jahrb. f. Min. u. s. w. v. Leonh. u. Bronn. Jahrg. 1853. S. 31—37.

— — Eisenstein-Vorkommen im Westphälischen Jura und Berichtigung dazu. Ibid. S. 324—327.

— — Erzführung des Kupferschiefer-Flötzes von Osnabrück. Ib. S. 444.

Chapuis, F. et G. Dewalque, Description des fossiles terrains secondaires de la province de Luxembourg. Bruxelles.

Dechen, H. v., Geogn. Beschreibung des Siebengebirges. Bonn 1852. (Anzeige.) Neue Jahrb. f. Min. u. s. w. Jahrg. 1853. S. 193 -- 197.

— — Nördlicher Abfall des Grauwacken-Gebirges zwischen Rhein und Maas. (Köln. Zeit.) Ib. S. 494.

— — Steinkohlen-Reichthum in Saarbrücken. Ib. S. 324.

— — Eintheilung der paläozoischen Gebilde mit Rücksicht auf das rhein.-westph. Gebirge. Köln. Zeit. No. 78. 19. März.

— — Melaphyrgang bei Birkenfeld, welcher mit der Hauptmasse des Melaphyrs zusammenhängt. Köln. Zeit. No 129. 10. Mai.

Dieffenbach, E., Pseudomorphosen von Quarz nach Schwerspath. Dritter Bericht der Oberhess. Ges. f. Natur- und Heilkunde. Giessen 1853. S. 188. Daraus im N. Jahrb. f. Min. u. s. w. Jahrg. 1853. S. 461—463.

Dumont, A., Mémoire sur les terrains ardennais et rhénan de l'Ardenne, du Rhein, du Brabant et du Condros. Bruxelles. (Mém. de l'Acd. roy. de Belg.).

Ehrenberg, C. G., Das Leben in der Wassertrübung des Rheins. Bericht über d. Verh. der Acad. d. Wiss. zu Berlin. Jahrg. 1853. S. 505 - 511.

Förstemann, Ueber Verwitterung des Kieselschiefers (Uellendahl bei Elberfeld). Jahresbericht d. naturw. Ver. v. Elberfeld und Barmen. Heft 2. S. 49—51.

Jacquot, E., Etudes géologiques sur le basin houiller de la Sarre. Paris.

Klipstein, A. v., Geognostische Beschreibung des westlichen Theils des im Kreise Wetzlar gelegenen Gebirgsdistriktes zwischen der Dill und der Lahn. Zeitschr. d. d. geol. Ges. Bd. 5. S. 616—690. Mit 1 Karte und 1 Tafel Profile.

Ludwig, R., Ueber das rheinische Schiefergebirge zwischen Butzbach und Homburg v. d. Höhe. Jahrb. d. Ver. f. Nat. H. 6. Abth. II. S. 1—20. Mit 1 Karte.

Mark, W. v. d., Analyse der Septarien aus einem der Kreideformation aufgelagerten sekundären Mergel von Killwinkel bei Hamm. Ib. S. 407—408.

— — Ein Petrefact des oberen Plänerkalkes aus Westphalen. Ib. S. 404—406. Mit Abbildungen.

Meyer, H. v., Ueber Crustaceen der Steinkohlenformation bei Saarbrücken. N. Jahrb. f. Min. Jahrg. 1853. S. 161.

Müller, Jos., Ueber einige der neuesten Erscheinungen im Gebiete der geologischen und paläontologischen Literatur. Verh. d. nat. Ver. Jahrg. 10. S. 160—170.

— — Cephalopoden aus der Kreide bei Aachen. Ib. S. 452.

Nauck, Tertiäre Sandschicht bei Kaldenhausen und Lauersforth. Ib. S. 453.

Noeggerath, J., Die sogenannte Boden-Erhöhung oder Untersuchung der allgemeinen Verhältnisse, welche das Vergrabensein von Bauresten und anderen Alterthümern hervorgebracht haben. Karsten u. v. Dechen Archiv f. Min. Bd. 25. S. 284—306.

— — Pseudomorphosen, besonders aus den rheinisch-westph. Gebirgen. Verh. d. nat. Ver. Jahrg. 10 S. 453.

— — Das Erdbeben in der Rheingegend vom 18. Februar 1853. Zeitschr. d. d. geol. Ges. Bd. 5. S. 479–484.

— — Bleierzlagerstätte der Grube Wohlfahrt bei Rescheid. Köln. Zeit. No. 186. 7. Jul.

— — Kalksinter zwischen den Basaltsäulen am Tomberge, welcher 1 Procent Chlorcalcium enthält. Ibid.

— — Erklärung über Zimmermann's Aufsatz im N. Jahrb. f. Min.: Giebt Tacitus einen hist. Beweis von vulk. Eruptionen am Niederrhein. Köln. Zeit. No. 319. 17. Nov.

Reuss, A. E., Einige Foraminiferen, Bryozoen und Entomostraceen des Mainzer Beckens. Mit 1 Taf. Ib. S. 671—679.

Römer, Ferd., Geognostische Uebersichtskarte der Kreidebildungen Westphalens. Verh. d. nat. Ver. Jahrg. 10. S. 456.

— — Tertiärlager von Dingden, Winterswyk und Bersenbrück (Brief an E. Beyrich). Zeitsch. d. d. geol. Ges. Bd. 5. S. 494—495.

— — Proteuryale Confluentina, von Dr. Wirtgen im Laubachthale gefunden. Köln. Zeit. No. 186. 7. Jul.

— — Geognostische Untersuchung der Gegend von Aachen. Köln. Zeit. No. 354. 22. Dec.

— — Belemnitella mucronata eingeschlossen von Strotianit bei Hamm. Ib.

Sandberger, F., Untersuchungen über das Mainzer Tertiärbecken. Wiesbaden.

— — Mineralogische Notizen. Jahrb. d. Ver. f. Nat. H. 9. Abth. II. S. 40—41.

— — Ueber das Vorkommen des Manganspathes in Nassau. Ann. d. Phys. Bd. 88(164). S. 491—493.

— — Miocänes Alter und Versteinerungen des Mainzer Beckens. N. Jahrb. für Min. u. s. w. Jahrg. 1853. S 38.

— — Volvaria bulloides im Mainzer Becken. Ib. S. 327—329.

— — Einige Beobachtungen über Clymenien, mit besonderer Rücksicht auf die westphälischen Arten. Verh. d. nat. Ver. Jahrg. 10. S. 171—216.

Scharff, F., Der Taunus und die Alpen. Jahrb. d. Ver. f. Nat. H. 9. Abth. II. S. 21—39.

Schnabel, C., Krystallisirte Hüttenprodukte und Zinkblüthe von den Gruben bei Brilon. Verh. d. nat. Ver. Jahrg. 10. S. 457.

Schnabel, C., Analyse von kohlensauren Eisenerzen. Ib. S. 125—129.

Schnur, J., Zusammenstellung und Beschreibung sämmtlicher im Kalkstein der Eifel vorkommender Brachiopoden nebst Abbild. ders. Palaeont. Bd. 4. S. 169—192. Lief. 5. S. 193—216 und Lief. 6. S. 217—248.

Steininger, J., Geognostische Beschreibung der Eifel. Trier.

Trautwein, L., Die Soolquellen zu Creuznach u. s. w. Creuznach. 2. Ausg. 1856.

Troschel, F. H., Trennung des Amblypterus macropterus und A. eurypterigius von A. latus und A. lateralis von Lebach. Köln. Zeit. No. 78. 19. März.

Voltz, F., Die Schichtenfolge des Mainzer Beckens, erläutert durch Profile. Mit 1 Taf. N. Jahrb. f. Min. u. s. w. Jahrg. 1853. S. 129—140.

Weber, C. O., Ueber das Braunkohlenlager von Eckfeld in der Eifel. Verh. d. nat. Ver. Jahrg. 10. S. 409—415. Mit 1 Tafel.

Zimmermann, K. G., Nochmalige Erörterung der Frage: Giebt Tacitus einen historischen Beweis von vulkanischen Eruptionen am Niederrhein. N. Jahrb. f. Min. u. s. w. v. Leonh. u. Bronn. Jahrg. 1853. S. 537—553.

1854.

Anonym. Kohlenlager bei Lübbeke im Reg.-Bez. Minden. Ib. S. 476.

Alfter, v. Möller und *Schober*, Kurnachrichten über Bad Oeynhausen. Minden.

Bischof, C., Analyse eines Bergmittels im Karstenflötze, Steinkohlenformation von Saarbrücken. Verh. d. nat. Ver. Jahrg. 11. S. 482.

— — Analysen sogenannter versteinerter Kohlen aus der Steinkohlenformation von Saarbrücken. Ib. S. 378—382.

Bischof, G. u. *C. Bischof*, Die neue Mineralquelle zwischen Ahrweiler und Heppingen. Ib. S. 365—371.

Castendyck, W., Geognost. Uebersicht vom Westphäl. Sauerlande. N. Jahrb. f. Min. u. s. w. Jahrg. 1854. S. 314—319.

Dechen, H. v., Geognost. Karte des Reg.-Bez. Arnsberg. Verhandl. d. nat. Ver. Jahrgang 11. S. 451.

— — Untersuchung des Kreises Wittgenstein. Köln. Zeit. No. 319. 17. Nov. 1853. N. Jahrb. f. Min. u. s. w. Jahrg. 1854. S. 366—367.

— — Eisenhaltige Thonkonkretionen in Schlammsümpfen zu Commern. Köln. Zeitung No. 224. 14. Aug. 1853. Beil. N. Jahrb. S. 475—476.

— — Pseudomorphosen aus den untersten Muschelkalk-Schichten von Eicks bei Zülpich. (Köln. Zeit.) N. Jahrb. f. Min. Jahrg. 1854. S. 450.

Dewalque, G., Note sur les divers étages de la partie infér. du Lias dans le Luxembourg et les contrées voisines. (Bull. de l'Acad. roy. d. Belg. Vol. 81.) Bruxelles

— — Note sur les divers étages, qui constituent le Lias moyen et le Lias supér. dans le Luxembourg et les contrées voisines. Ib. Bruxelles.

Friedlieb, J. B., Homburg u. s. w. Homburg.

Glidt, H., Profil des Teutoburger Waldes von der Westphäl. Eisenbahn bei Neuenherse. Verh. d. nat. Ver. Jahrg. 11. S. 453—454.

Göppert, H. R., Stigmaria ficoides. Ib. S. 221—222.

— — Bericht über eine im August und September 1850 in dem Westphäl. Hauptbergdistrikte unternommene Reise zum Zwecke der Untersuchung der in der dortigen Steinkohlenformation vorkommenden fossilen Flora. Ib. S. 225—264. Nebst 1 Taf.

Goldenberg, Fr., Die Insekten der Steinkohlenformation von Saarbrücken. Palaeontogr. Bd. IV. S. 16—19. Mit 4 Tafeln.

Gutberlet, K. W., Geologisches aus Waldeck. N. Jahrb. f. Min. u. s. w. Jahrg. 1854. S. 672—674.

Hallmann, E., Die Temperatur-Verhältnisse der Quellen. 1 Bd. mit 12 Taf. 2. Bd. 1855. Berlin. Anzeige. Ann. d. Phys. Bd. 92 (168) S. 652 -660.

Hamilton, W. J., On the Geology of the Mayence Basin. (Aus den Proceed. of the Geol. Soc.) London.

Jacob, Th., Ueberlagerung der Westphäl. Steinkohlenformation durch Kreidemergel. Verh. d. nat. Ver. Jahrg. 11. S. 452—453.

Jordan, H., Haarkies aus der Steinkohlenformation von Dudweiler bei Saarbrücken. Ib. S. 455—457.

— — u. *H. v. Meyer*. Ueber die Crustaceen der Steinkohlenformation von Saarbrücken. Palaeontogr. Bd. 4. Lief. 1. S. 1—16. Taf. 1. 2.

Ludwig, R., Versuch einer geognostischen Darstellung von Hessen in der Tertiärzeit. Darmstadt.

Mark, W. v. d., Chem. Analyse von Gebirgsarten der Westph. Kreide. Verhandl. d. nat. Ver. Jahrg. 11. S. 449.

Mayer, Ueber krankhafte Knochen vorweltlicher Thiere. Nova Acta Caes. Leop. Carol. T. 24. P. 2. p. 671—689. 1 Taf.

Meyer, H. v., Monographie der Reptilien der Steinkohlenformation Deutschlands. N. Jahrb f. Min. u. s. w. v. Leonh. u. Bronn. Jahrg. 1854. S. 422 -431.

— — Ueber den Jugendzustand von Chelydra Decheni aus der Braunkohle des Siebengebirges. Palaeont. Bd. 4. Lief. 1. S. 56—60. Daraus im N. Jahrb. f. Min. u. s. w. Jahrg. 1856. S. 231.

— — Ueber Archegosaurus. Mit Bezug auf die vorhergehende Mittheilung von C. Vogt. S. 676—677.

Mitscherlich. E., Die vulkanischen Erscheinungen der Eifel. 2. Abth. (Nur Titel). Bericht über d. Verh. d. Akad. d. Wiss. zu Berlin. Jahrg. 1854. S. 203.

Noeggerath, J., Pseudomorphische Krystalle nach Kochsalz im Muschelkalk von Eicks in d. Eifel. Verh. d. nat. Ver. Jahrg. 11. S. 389-392. Mit 1 Tafel.

— — Nachtrag zu dem vorhergehenden Aufsatze. Ib. S. 458.

— — Pseudomorphe Krystalle a. d. Jungen Sintern Zeche bei Siegen. N. Jahrb. f. Min. u. s. w. v. Leonh. u. Bronn. Jahrg. 1854. S. 710.

— — Eigene Gestalt des Olivins im Basalt von Uukel. Köln. Zeit. No. 224. 14. Aug. 1853. Beil. Ib. S. 91—92.

— — Holz aus einer Braunkohlengrube bei Euskirchen. Köln. Zeit. No. 354. 22. Dec. 1853. Beil Ib. S. 364 - 365.

Pieler, F., Pflanzenversteinerung aus dem Plattenkalk am Holtenbusch bei Arnsberg. Verh. d. nat. Ver. Jahrg. 11. S. 454.

Polstorf, Chem. Analyse der Elisabeth-Quelle zu Kreuznach und der Mutterlauge der Saline Münster am Stein. Ib. S. 223 -224.

Roch, H., Die Bedeutung des kalten Schwefelwassers zu Weilbach. Wiesbaden.

Römer, F., Die Kreidebildungen Westphalens. Eine geognostische Monographie. Zeitschr. d. d. geol. Ges. Bd. 6. S. 99 -236. Ebenso in den Verhandlungen des naturh. Vereins. Jahrg. 11. S. 29 -180.

— — Kreideformation bei Aachen. N. Jahrbuch für Min. u. s. w. Jahrgang 1854. S. 167—169.

Römer, F., Jura-Versteinerungen im Rheinischen Diluvium. Ib. S. 821—828.
— — Hilssandstein bei Losser in der Provinz Ober-Yssel, Ober-Deron bei Stolberg-Cornelimünster. Köln. Zeit. No. 129. 10. Mai 1858. Ib. S. 864.
Sack, Notate über Bad Oeynhausen. Bonn.
Sandberger, F., Baryt und Blende als Versteinerungsmittel. N. Jahrb. f. Min. u. s. w. Jahrg. 1854 S. 421.
Schneider, J., Rutschflächen aus der Eifel. Verhandl. d. naturhist. Vereins. Jahrg. 11. S. 383—384.
— — Erratische Blöcke am Niederrhein. Ib. S. 483—484.
Schmit, Eaux thermales de Mondorf. Luxembourg.
Troschel, F. H., Osmerus solitarius von Rott. Verh. d. nat. Ver. Jahrg. 11. S. XXIV.
— — Ueber die fossilen Fische aus der Braunkohle des Siebengebirges. Ib. mit 2 Tafeln. Daraus im N. Jahrb. f. Min. u. s. w. v. Leonh. u. Bronn. Jahrg. 1854. S. 623.
Wessel, Ph., Pflanzen aus der Braunkohle des Niederrheins, ebenso Spinnen, Krebse, Insekten mit Ausnahme der Käfer von Linz und Rott. Verb. d. nat. Ver. Jahrg. 11. Niederrhein. Gesellsch. Sitzungsbericht. S. XVIII.
Wildenstern, R., Borsäure in der Kaiser-Quelle zu Aachen. Erdm. Journ. Bd. 55. S. 165. Daraus im N. Jahrb. f. Min. u. s. w. S. 184.
Wirtgen, Ph., Spiriferen-Sandstein mit Petrefacten bei Bertrich. N. Jahrb. f. Min. u. s. w. v. Leonh. u. Bronn. Jahrg. 1854. S. 38—39.
— — Petrefacten des devonischen Systems zu Bertrich. Verh. d. nat. Ver. Jahrg. 11 S. 372—374.
— — und *Zeiler*, Vergleichende Uebersicht der Versteinerungen in der rhein. Grauwacke. Ib. S. 459—481.

1855.

Benningsen-Förder, B. v., Korallenähnliche Concretionen im Löss der Rheingegenden. Ib. Jahrg. 12. S. 306—307.
Beyrich, E., Ueber den Zusammenhang der Tertiärbildungen im nördlichen Deutschland, zur Erläuterung einer geologischen Uebersichtskarte. (Nur Titel). Bericht über die Verh. d. Akad. d. Wiss. zu Berlin. Jahrg. 1855. S. 496.
— — Ueber den Zusammenhang der norddeutschen Tertiärbildungen, zur Erläuterung einer geologischen Uebersichtskarte. Abhandl. d. K. Akad. d. Wissensch. zu Berlin. S. 1—20. Sep.-Abd. 1856.
Boedecker, C. H. D., Chem.-mineral. Notizen zur Kenntniss niederrheinischer Mineralien. Verh. d. nat. Ver. Jahrg. 12. S. 109—112.
Castendyck, W., Die Rotheisensteinlagerstätte der Grube Briloner Eisenberg bei Olsberg. Zeitsch. d. d. geol. Ges. Bd. 7. S. 253—260. Mit 1 Tafel.
Dechen, H. v., Ueber das rheinische Grauwackengebirge von Battenberg bis Wetzlar. Ib. No. 13. S. 93—95 und No. 14. S. 102—104. Notizblatt d. Ver. f. Naturkunde zu Darmstadt.
— — Geognostische Uebersicht des Reg.-Bez. Arnsberg. Verh. d. nat. Ver. Jahrg. 12. S. 117—225. Daraus im N. Jahrb. f. Min. u. s. w. Jahrg. 1856. S. 78—81.
— — Südlicher Theil des Teutoburger Waldes. Verhandl. d. naturh. Ver. Jahrg. 12. S. LXIX—LXX.
— — Krystallisirter Sandstein von Brilon. Ib. S. XIV—XV.
— — Ueber den östlichen Abfall des westphäl. Schiefergebirges zwischen Battenberg und Wetzlar. Ib. S. XXIX.

Dechen, H. v., Das Rhein.-Westphäl. Grauwacken-Gebirge. N. Jahrb. f. Min. u. s. w. v. Leonh. u. Bronn. Jahrg. 1855. S. 48—53.

— — Wurzeln in einem Kohlenflötze bei Saarbrücken, und das Westphäl. Schiefergebirge an der Eder und Lahn. (Köln. Zeit.) Ib. S. 80—81.

Dollfuss, A. und C. *Neubauer*, Chem. Untersuchung einiger Schalsteine des Herz. Nassau. Abth. I. Jahrb. d. Ver. f. Nat. H. 10. S. 49—82.

Ehrenberg, C. G., Quantitative Messung der Rheintrübung in allen Monaten des Jahres. Bericht üb. d. Verhandl. d. Akad. d. Wiss. zu Berlin Jahrg. 1855. S. 561—563.

Erlenmeyer, A., Die Soolthermen zu Nauheim. Neuwied.

Evers, F. A., Die stickstoffhalt. Mineralquelle auf der Insel zu Paderborn. Paderborn.

Ewig, O., Mineralquellen im Brohlthale. Verh. d. nat. Ver. Jahrg. 12. S. 305—306. Köln. Zeit. No. 147.

— — Zwei Tage im Gebiete der rheinischen Vulkane. Köln. Zeit. No. 304 u. 305.

Fresenius, R., Chem. Untersuchung der wichtigsten Mineralwasser des Herz. Nassau. 4te Abth. Jahrb. d. Ver. f. Nat. H. 10. S. 1—48.

Goldenberg, T., Flora Saraepontana. Heft 1 u. 2. 1855. Heft 3. 1862. Anzeige im Neue Jahrb. f. Min. u. s. w. Jahrg. 1855. S. 867.

Gutberlet, K. W., Braunsteingrube zu Eimelrode. N. Jahrb. f. Min. u. s. w. S. 317—320.

— — Permische Formation in Waldeck. Ib. S. 314—315.

Huyssen, A., Die Soolquellen des Westphälischen Kreidegebirges, ihr Vorkommen und muthmaasslicher Ursprung. 1te Abth. Zeitsch. d. d. geol. Ges. Bd. 7. S. 17—252. 2te Abth. ib. S. 567—654. Daraus im N. Jahrb. f. Min. u. s. w. Jahrg. 1855. S. 733.

Jacob, Th., Flötzkarte von der Steinkohlenformation an der Ruhr. Verh. d. nat. Ver. Jahrg. 12. S. 301—302.

Ludwig, E., Der Soolsprudel zu Nauheim. Notizblatt des Vereins für Erdkunde zu Darmstadt. No. 12. S. 82—84. Mit 1 Profil.

— — Versuch einer geographischen Darstellung von Hessen in der Tertiärzeit. No. 14. S. 97—102; No. 15 u. 16. S. 105—110. No. 17. S. 113—119. Mit 1 Karte. Notizblatt d. Ver. f. Erdk. zu Darmstadt.

— — Geologische Specialkarte des Grossh. Hessen und der angrenzenden Landesgebiete. Herausgeg. vom mittelrhein. geolog. Verein. Section Friedberg. Mit 1 Profil. Darmstadt (76 S.).

Mark, W. v. d., Versteinerungsmittel der Polythalamien. Verh. d. nat. Ver. Jahrg. 12. S. 259—262.

— — Chem. Untersuchung von Gesteinen der oberen westph. Kreidebildungen. Ibid. S. 263—282. Ebenso in der Zeitschrift d. d. geol. Ges. Bd. 8. S. 132 mit einigen Zusätzen 1856.

— — Eisenoxydul-Carbonat in sedimentären Gebirgsarten. Ib. S. 283—290.

— — Die Quarzkrystalle von Hassley, deren Umhüllung u. Entstehung. Ib. S. 291—292.

— — Kreidecephaloden im Diluvium der Gegend von Hamm. Ib. S. 303—304.

Meyer, H. v., Archegosaurus von Lebach. N. Jahrb. f. Min. Jahrg. 1855. S. 26.

— — Physichthys Hoeninghausi aus dem Kalk der Eifel. Palaeont. Bd. 4. Lief. 3. S. 80—83. Daraus im N. Jahrb. f. Min. u s. w. Jahrg. 1856. S. 610.

Noeggerath, J., Pseudomorphosen von Rotheisenstein von der Sintergrube bei Siegen. Verh. d. nat. Ver. Jahrg. 12. S. III.

— — Natürliche Mennige aus den Halden der Grube Silbersand bei Mayen; Granat in Gesteinsblöcken vom Laacher See. Ib. S. XII.

Noeggerath, J., Halber Unterkiefer von Elephas primigenius von Lünen an der Lippe. Ibid. S. XXXIX—XL.
— — Backenzahn von Elephas primigenius von Crefeld. Ib. LV—LVI.
— — Stigmaria ficoides von der Grube President bei Bochum. Ib. LVI—LXII.
— — Linkes Geweihe von Cervus tarandus priscus von Hamm an der Lippe. Ibid. S. LXXII—LXXIII.
— — Kalksinter in alten Ruinen, besonders bei Blankenberg an der Sieg. Ibid. S. LXXIII—LXXIV.
— — Schwefelhaltiger Bleiglanz (Johnstonit) von Victoria bei Müsen. N. Jahrb. f. Min. u. s. w. Jahrg. 1855. S. 808.
— — Verschiedenfarbiger Granat in Blöcken am Laacher See. (Köln. Zeit.) Ibid. S. 570—571.
Philippi, W. C., Berichtigung der Analyse des Faulbrunnenwassers zu Wiesbaden. Jahrb. d. Ver. f. Nat. H. 10. S. 379.
Römer, F., Eine neue Sphenopteris-Art aus Oberdevonschichten von Moresnet. Verh. d. nat. Ver. Jahrg. 12. S. XXV—XXVI.
— — Das ältere Gebirge in der Gegend von Aachen, erläutert durch die Vergleichung mit den Verhältnissen im südlichen Belgien, nach Beobachtungen im Jahre 1853. Zeitschr. d. d. geol. Ges. Bd. 7. S 377—398. Daraus im N. Jahrb. f. Min. u. s. w. Jahrg. 1857. S. 454—458.
— — Bemerkungen über die Kreidebildungen der Gegend von Aachen, gegründet auf Beobachtungen im Jahre 1853. Ib. S. 534—546. Daraus N. Jahrb. f. Min. u. s. w. Jahrg. 1857. S. 214.
— — Neuer Cephalopode von Daun in der Eifel, Kalkgeschiebe mit Eindrücken von Malmedy. Verh. d. nat. Ver. Jahrg. 12. S. XII—XIII.
— — Gliederung der devonischen Gesteine der Eifel, Neocom bei Bentheim. N. Jahrb. f. Min. u. s. w. Jahrg. 1855. S 321.
— — Geschiebe mit Eindrücken von Malmedy. (Köln. Zeit.) Ibid. S. 82.
— — Sphenopteris von Moresnet bei Aachen aus Ober-Devon-Schichten. (Köln. Zeit.) N. Jahrb. f. Min. u. s. w. Jahrg. 1855. S. 488—489.
Roth, H., Bad Weilbach und sein kaltes Schwefelwasser. Wiesbaden.
Sandberger, F., Anoplotheca, eine neue Brachiopode aus Rhein. Devon. Sitz.-Ber. d. math.-naturw. Kl. d. k. Akad d. Wissensch. in Wien. Bd. 16. S. 5—8. Daraus im N. Jahrb. f. Min. u. s. w. Jahrg. 1855. S. 491.
— — Versteinerungen des Rhein. Schichtensystems. N. Jahrb. f. Min. u. s. w. Jahrg. 1855. S. 187 u. S. 320.
Sandberger, G., Aperçu des produits minéraux les plus utiles du duché de Nassau. Wisbad
— — Clymenia subnautilina, die erste und bis jetzt einzige Art aus Nassau. Jahrb d. Ver. f. Nat. H. 10, S. 127—136. Mit 1 Tafel.
Wessel, Ph. und *O. Weber*, Neuer Beitrag zur Tertiärflora der niederrheinischen Braunkohlenformation. Palaeont. Bd. 4. Lief. 4. S. 111—130; Lief. 5. S. 131—168. Daraus im N. Jahrb. f. Min. u. s. w. Jahrg. 1856. S. 504—507.
Zeiler, F. u. *Ph. Wirtgen*, Bemerkungen über die Petrefacten der älteren devonischen Gebirge am Rheine, insbesondere über die in der Umgegend von Coblenz vorkommenden Arten. Verh. d. nat. Ver. Jahrg. 12. S. 1—28. Mit 10 Tafeln.
— — Ueber Echinodermen in der Umgegend von Coblenz und in dem Eifeler Kalke. Ib. S. 79—85. Mit 3 Tafeln. Daraus im N. Jahrb. für Min. u. s. w. Jahrg. 1855. S. 233 u. 234.

1856.

Burkart, J, Basaltgang der Grube Johannessegen bei Huscheid. Verh. d. nat. Ver. Jahrg. 13. S. CII—CIV. Daraus im N. Jahrb. f. Min. u. s. w. Jahrg. 1856. S. 857 u. 858.

— — Braunkohlengebirge mit Sphärosiderit auf dem rechten Siegufer. Ibid. S. CIV—CVII. Daraus im N. Jahrb. f. Min. u. s. w. Jahrg. 1857. S. 77.

Carl, F., Untersuchung der warmen Quelle des Gemeindebades in Wiesbaden. Jahrb. d. Ver. f. Nat. H. 11. S. 102—204.

Castendyck, W., Die Gegend von Wildungen im Waldeckschen. Mit 1 Taf. N. Jahrb. f. Min. Jabrg. 1856. S. 140—145.

Dechen, H. v., Quarzfelsgeschiebe mit Eindrücken aus dem Buntsandstein bei Commern. Verb. d. nat. Ver. Jahrg. 13. S. VI—VII.

— — Backenzahn von Rhinoceros incisivus aus der Blätterkohle von Rott. Ibid. S. XCVII.

— — Der Teutoburger Wald. Ib. S. 61—63.

— — Der Teutoburger Wald. Eine geognostische Skizze. Ib. S. 331—410. Daraus im N. Jahrb. f. Min. u. s. w. Jahrg. 1857. S. 192—203.

— — Ueber den Zusammenhang der Steinkohlen-Reviere von Aachen und an der Ruhr. Zeitschr. f. das Berg-, Hütten- und Salinenwesen in d. Preuss. Staate. Bd. 3. S. 1—K. Daraus im N. Jahrb. f. M. u. s. w. Jahrg. 1857. S. 96—98.

— — Kugeln dem krystallisirten Sandstein ähnlich von Brilon. (Köln. Zeit.) N. Jahrb. f. Min. Jahrg. 1856. S. 344—345.

— — Lagerungs-Verhältnisse im südl. Theile des Teutoburger Waldes. (Köln. Zeit.) Ib. S. 721—722.

Dewalque, G., Observations critiques sur l'age de grès liasiques du Luxembourg avec 1 Carte. Bull. de l'Acad. roy. d. Belg. Bruxelles.

Dieffenbach, C., Geol. Specialkarte das Grossherz. Hessen. Section Giessen. Darmstadt. (112 S.)

Eglinger, A., Analyse eines Schalsteins von Villmar. Jahrb. d. Ver. f. Nat. Heft 11. S. 205—210.

Eulenberg, H., Mineralbrunnen zu Sinzig. Verb. d. nat. Ver. Jahrg. 13. S. 55.

Fischer, F. W., Lippspringe und Eilsen. Paderborn.

Fresenius, R., Chem. Untersuchung der wichtigsten Mineralwasser des Hers. Nassau. 5te Abh. Jahrb. d. Ver. f. Nat. H. 11. S. 145—178.

Gergens, F., Ueber einige in Chalcedon von Oberstein eingewachsene krystallisirte Mineralien. N. Jahrb. f. Min u. s. w. v. Leonh. u. Bronn. Jahrg. 1856. S. 22—23.

— — Ueber einige Metamorphosen aus der Bleigrube Kautenbach bei Bornkastel a. d. Mosel. Ib. S. 135—139.

Goldenberg, F., Prodrom einer Naturgeschichte der fossilen Insekten der Kohlenformation von Saarbrücken. Sitzungsberichte der mathem.-naturwissensch. Klasse der kaiserl. Akad. d. Wissenschaften. Wien. Bd. 9. Jahrg. 1852. S. 38 u. 39.

— — Die fossilen Insekten der Kohlenformation von Saarbrücken. Palaeont. Bd. 4. Lief. 1. Daraus im N. Jahrb. f. Min. u s. w. Jahrg. 1856. S. 108—109.

Greim, Auffindung von Braunkohlen in Rheinhessen. Notizblatt d. Ver. f. Erdk. zu Darmstadt. No. 39. S. 279.

Herbst, G., Der Laacher See bei Anderuach am Rhein. Mit einem Begleitworte von J. Noeggerath. Weimar.

Heyden, C. H. G. v., Reste von Insekten aus der Braunkohle von Salzhausen und Westerburg. Palaeontograph. Bd. 4. Lief. 6. (1856). S. 198—201.

Hoiningen gen. *Huene, A. v.*, Die Schwefelkies- und Schwerspath-Lager bei Meggen an der Lenne. Verh. d. nat. Ver. Jahrg. 13. S. 300—330. Mit 2. Tafeln.

Hosius, Die geognostischen Verhältnisse des westlichen Theiles des Reg.-Bez. Münster. Verh. d. nat. Ver. Jahrg. 13. S. 60.

Kerner, G., Chem. Analyse der heissen Mineralquelle im Badhause »Zum Spiegel« in Wiesbaden. Jahrb. d. Ver. f. Nat. H. 11. S. 179—191.

Kjerulf, Th., Vulkanische Bomben aus der Eifel. Erdm. u. Werth. Journ. f. Chem. Bd. 65. S. 186. N. Jahrb. f. Min. u. s. w. Jahrg. 1856. S. 351.

— — Löss von Heisterbach im Siebengebirge. Erdm. u. Werth. Journ. f. Chem. Bd. 65. S. 187. Ib. 552.

Küper, C., Geognost.-bergmännische Flötzkarte des westphäl. Steinkohlengebirges. Verh. d. nat. Ver. Jahrg. 13. S. 56—58.

Lehmann, L., Die Sooltherme zu Bad Oeynhausen. Göttingen.

Lewinstein, G., Ueber die Zusammensetzung des glasigen Feldspaths. Ein Beitrag zur Kenntniss der vulkanischen Gesteine. (Enthält vorzüglich Analysen rheinischer Feldspathe.) Berlin.

Mark, W. v. d., Alluvial-Mergel-Ablagerungen im Becken von Münster. Verh. d. nat. Ver. Jahrg. 13. S. 56.

— — Chem. Untersuchung von Gesteinen der oberen westphälischen Kreidebildungen. Zeitschr. d. d. geol. Ges. Bd. 8. S. 132—150. Ebenso in d. Verhandl. des naturh. Ver. Jahrg. 12. 1855. S. 263 ff., hier mit einigen Zusätzen.

Meyer, H. v., Wirbelthiere aus der Braunkohle des Siebengebirges. N. Jahrb. f. Min. Jahrg. 1856. S. 329—332.

— — Palaeomeryx und Lacerta Rottensis in der Braunkohle bei Bonn. Ib. S. 824—829.

Müller, J., Neue Echinodermen aus der Eifel. Abhandl. d. Akad. d. Wiss. Berlin 1856. S. 241. 4. Lief. Daraus im N. Jahrb. f. Min. u. s. w. Jahrg. 1857. S. 360 u. 361.

— — Neue Krinoiden aus dem Eifeler Kalk. Bericht über die Verh. d. Akad. d. Wiss. zu Berlin. Jahrg. 1856. S. 353—356. Daraus im N. Jahrb. f. Min. u. s. w. Jahrg. 1856. S. 631—633.

— — Ueber ein Echinoderm mit schuppenförmigen Tafeln und Echinoidstacheln im Eifeler Kalk. Ib. S. 356—361.

Noeggerath, J., Pholerit aus Spalten im Steinkohlengebirge bei Röhe. Verh. d. nat. Ver. Jahrg. 13. S. XXXVII.

— — Gefurchte Rutschflächen im Kohleneisenstein an der Ruhr. Ib. S. XXXVII.

— — Diorit-Kuppe zu Kürenz bei Trier. Ib. S. LXII.

— — Spatheisenstein in Magneteisenstein übergehend von der Grube Alte Birke bei Siegen. Ib. S. LXXVII—LXXVIII.

— — Hypudaeus-Knochen im Alluvium zu Uelmen. Ib. S. CI. Daraus im N. Jahrb. f. Min. u. s. w. Jahrg. 1857. S. 491.

— — Harmotom im Basalte des Petersberges im Siebengebirge. Ib. S. CI—CII.

— — Derber Barytspath von Waldbröl. (Köln. Zeit.) N. Jahrb. f. Min. u. s. w. Jahrb. 1856. S. 185.

— — Diorit zu Kürenz bei Trier. (Köln. Zeit.) Ib. S. 711.

Noeggerath, M., Der Steinkohlenbergbau des Staats zu Saarbrücken. Zeitsch. f. das Berg-, Hütten- und Salinenwesen in dem Preuss. Staate. Bd. 3. S. 139-206. Darin Einleitung geognost. Verhältnisse, Kohlenreichthum u. s. w. S. 139—152.

Römer, F., Palaeoteuthis: eine Gattung nackter Cephalopoden aus devonischen Schich-

ten der Eifel. Ib. Palaeontogr. Bd. 4. Lief. 3. (1855.) S. 72—74. Daraus im N. Jahrb.
f. Min. u. s. w. Jahrg. 1856. S. 110.

Römer, F., Isticus von Sendenhorst aus Kreide (Bresl. Zeit.) N. Jahrb. f. Min. u. s. w.
Jahrg. 1856. S. 611.

Roth. H., Die drei Stahlquellen zu Schwalbach. Wiesbaden.

Sandberger, F., Untersuchung über den inneren Bau einiger rhein. Brachiopoden, mit
2 Taf. Sitzungsberichte der math.-naturw. Klasse der kais. Akad. der Wissensch.
zu Wien. Bd. 18. S. 102—109. N. Jahrb. f. Min. u. s. w. Jahrg. 1856. S. 881.

— — Beiträge zur Kenntniss des Mainzer Tertiär-Gebirges. N. Jahrb. f. Min. u. s. w.
Jahrg. 1856. S. 533—536.

Sandberger, G. und *F. Sandberger*, Die Versteinerungen des Rheinischen Schichtensystems in Nassau. Mit einer kurzgefassten Geognosie dieses Gebietes u. s. w. Mit
41 Tafeln. Wiesbaden. Ausführliche Anzeige im N. Jahrb. f. Min. u. s. w. v. Leonh.
u. Bronn. Jahrg. 1856. S. 367—378.

— — Geognostische Skizze des Amtes Reichelsheim. Jahrb. d. Vereins f. Nat. H. 11.
S. 114 - 126. Mit 1 Karte.

— — Paläont.-geognost. Kleinigkeiten aus den Rheinlanden. Verh. d. nat. Vereins
Jahrg. 13. S. 293—299. Daraus Gon. restrictus Eichw. im N. Jahrb. f. Min. u. s. w.
Jahrg. 1857. S. 626.

Schnur, J., Xenacanthus Decheni im Saarbrücker Kohlengebirge aufgefunden. (Brief
von E. Mitscherlich) Zeitschr. d. d. geol. Ges. Bd. 8. S. 542.

Spengler, L., Brunnenärztliche Mittheilungen über die Thermen zu Ems. 3te Aufl. Ems.

Troschel, T. H., Acanthodes Bronii von Lebach. Verhandl. d. naturh. Vereins. Jahrg. 13.
S. XCII.

Walferdin, F. H., Artesischer Brunnen zu Mondorf (Luxemb.) Compt. rend. T. 86.
p. 250. N. Jahrb. f. Min. u. s. w. Jahrg. 1856. S. 846.

Wessel, Ph., Niederrheinische Braunkohlenflora. Verh. d. nat. Ver. Jahrg. 13. S. III.

Zeiler, F., Ueber Erosions-Erscheinungen am Rheine. Ib. S. 1—11.

1857.

Anonym. Das Mineralbad Neuenahr im Ahrthal. Coblenz.

Banning, J. F., De Hueggelo, Guestphaliae monte inter oppida Monasterium Osnabru-
gumque sito. Diss. inaug. geogn. Breslau.

Beissel. J., Doppeltlichtbrechende organische Kieseltheile als Sand bei Aachen. (Nur
Titel.) Bericht über d. Verh. d. Akad. d. Wiss. zu Berlin. Jahrg. 1857. S. 475.

Bergemann, C., Kobalt-Manganspath von den Halden des St. Josephsbergs. Verhandl.
d. nat. Ver. Jahrg. 14. S. 111—112.

Bergemann und *A. Krantz*, Pinguit (Gramenit) vom Menzenberg bei Honnef. Verh.
d. nat. Ver. Jahrg. 14. S. XLIV—XLV. Daraus im N. Jahrb. f. Min. u. s. w. v. Leonh.
u. Bronn. Jahrg. 1857. S. 721.

Braun, M., Ueber die Galmeilagerstätte des Altenbergs im Zusammenhang mit den
Erzlagerstätten des Altenberger Grubenfeldes in der Umgegend. Zeitschr. d. d. geol.
Ges. Bd. 9. S. 354 - 370. Mit 3 Tafeln.

Dauber, H., Beudantit auf der Grube Schöne Aussicht zu Montabaur. (Pogg. Ann.
Bd. 100. S. 579. N. Jahrb. f. Min. u. s. w. 711].

Dechen, H. v., Kleine Vierfüssler aus der Blätterkohle der Grube Romerikenberg;
Concretionen vom schwarzen Kalkstein von Offenbach am Glan und von der Peters-
grube bei Hohenöllen. Verh. d. nat. Ver. Jahrg. 14. S. XXIII—XXIV.

Dechen, H. v., Palaeomeryx aus der Braunkohle des Siebengebirges. Verh. d. naturh. Ver. Sitz.-Ber. Bd. 14. S. XXIII. Daraus im N. Jahrb. f. Min. u. s. w. S. 491.
— — Granit im Gebiete des Culm-Sandsteins bei Marburg. Verh. d. naturhist. Ver. Jahrg. 14. S. XXIII. Daraus im N. Jahrb. f. Min. u. s. w. Jahrg. 1857. S. 345.
— — Pseudomorphose von Weissbleierz nach Schwerspath aus dem Buntsandstein von Commern. Verh. d. nat. Ver. Jahrg. 14. S. LXI—LXII.
— — Thalbildung. Ib. S. LXXXII—LXXXIV.
Dewalque, G., Description du Lias de la province de Luxembourg. Diss. inaug. Liège.
Ettingshausen, A. v. und *Debey*, die urweltlichen Thallophyten des Kreidegebirges von Aachen u. Mastricht. Sitzungbericht der math.-naturwissw. Klasse der kais. Akad. d. Wiss. zu Wien. Bd. 25. S. 507—512.
— — Die vorweltlichen Acrobryen des Kreidegebirges von Aachen und Mastricht. Ib. Bd. 27. S. 167—170.
Ewich, O., Prospectus des Actien-Vereins zur Benutzung Rheinpreuss. Heilquellen. Cöln.
— — Entstehungsweise und therapeutische Bedeutung der Brohlthalquellen. Deutsche Klinik No. 49 u. 50 und Separatabdruck.
Fiedler, H., Die fossilen Früchte der Steinkohlenformation. Verh. d. L. C. Acad. d. Nat. Bd. 26.
Gebel, Gebrauch des Bades Marienberg. Balneol. Zeit. Bd. V. S. 65—72.
Grandidier, Mittheilungen über Bad Nenndorf u. s. w. Balneol. Zeit. IV. S. 241—248 und S. 256—264.
Hagen, H. A., Ueber die Goldenberg'schen Insektenreste. Verhandl. d. naturh. Ver. Jahrg. XIV. S. 40. Daraus im N. Jahrb. f. Min. u. s. w. v. Leonh. u. Bronn. 1858. S. 374 u. 375.
Hörling, Chem. physik.-physiol. Prüfung des Inselbades. Paderborn.
Jacquot, E., Note sur les recherches qui ont été exécutées le long de la frontière N. E. du dép. de la Moselle pour y decouvrir le prolongement du bassin de la Sarre. Ann. d. Min. Sér. 5. Vol. 11. p. 107—148.
— — Etudes géol. sur le pays Messin; nouvelles recherches sur le prolongement du bassin de la Sarre. Ib. p. 513—639.
Keferstein, W., Ueber einige deutsche devonische Conchiferen aus der Verwandtschaft der Trigoniaceen und Carditaceen (von Paffrath). Zeitschr. d. d. geol. Ges. Bd. 9. S. 149—162. Mit 1 Taf.
Koch, C., Dachschiefer im Culm bei Sinn. Notizblatt d. Ver. f. Erdk. u. des Mittelrh. geol. Ver. Jahrg. II. No. 9. S. 67.
Krämer, H., Ueber einige Bestandtheile der Westerwälder Basalte. Ver. d. nat. Ver. Jahrg. 14. S. 126—130.
Krantz, A., Ueber ein neues bei Menzenberg aufgeschlossenes Petrefactenlager in den devonischen Schichten. Ib. S. 143—165.
Lehmann, L., Das Sooldunstbad zu Bad Oeynhausen. Göttingen.
Ludwig, R, Der Braunstein in Nassau und Oberhessen. Notizblatt d. Vereins f. Erdkunde zu Darmstadt u. d. Mittelrheinischen geol. Vereins. Jahrg. I. No. 3. S. 19—23; No. 4. S. 25—35.
— — Bohrlöcher im Rheinthale bei Mainz. Ib. No. 2. S. 12—19.
— — Versteinerungen bei Biedenkopf, Hatzfeld, am Hausberge bei Butzbach. Ibid. No. 4. S. 30.
— — Ueber die Versteinerungen der Devonschichte bei Wiltz in den Ardennen. Ibid. No. 6. S. 45—47.

Ludwig, R., Die Zechsteinformation bei Frankenberg u. Thalitter-Corbach. Ib. No. 9. S. 67—69.

Müller, Briefe über Wiesbaden. Wiesbaden.

Noeggerath. J., Das Erdbeben im Siebengebirge am 6. December 1856. Zeitschr. d. d. geol. Ges. Bd. 9. S. 167—171. Daraus im N. Jahrb. f. Min. u. s. w. v. Leonh. u. Bronn. Jahrg. 1858. S. 321—325.

— — Harmotom im Basalt des Siebengebirges (Köln. Zeit.). N. Jahrb. f. Min. u. s. w. Jahrg. 1857. S. 582.

Prieger, H., Creuznach u. s. w. Creuznach.

Römer, F., Ueber Holländische Diluvial-Geschiebe. Ib. S. 385—392.

— — Ueber Acanthodes gracilis von Kl. Neundorf in Schlesien. Darin auch über Acanth. Bronni von Lebach. Zeitchr. d d. geol. Ges. Bd. IX. S. 65.

— — Die jurassische Weserkette. Ib. Bd. 9. S. 581—728. Mit 1 Karte und 1 Tafel. Ebenso in den Verhandl. d. naturhist. Ver. Jahrg. 15. 1858. S. 284. Daraus im N. Jahrb. f. Min. u. s. w. Jahrg. 1858. S. 581—583.

Roth, H., Die warmen Kochsalzquellen zu Wiesbaden. Wiesbaden.

Sandberger, G., Uebersicht der naturhist. Beschaffenheit des Herzogthums Nassau. Wiesbaden. Anzeige im N. Jahrb. f. Min. u. s. w. Jahrg. 1859. S. 627.

— — Paläontologische Kleinigkeiten. Verh. d. nat. Ver. Jahrg. 14. S. 140—142.

— — Mineral. Notizen. Neue Folge. Jahrb. d. Ver. f. Nat. H. 12. S. 396—401.

— — Geognostisch-paläontologische Notizen. Ibid. S. 402—404.

Schaaffhausen, H., Menschenschädel aus der Neanderhöhle bei Hochdahl. Verh. d. nat. Ver. Jahrg. 14. S. XXXVIII—XLII.

Schreiber, Die neue Fassung und das Verhalten des Soolsprudels No. 7 in Nauheim. Notizblatt d. Ver. f. Erdk. zu Darmstadt u. des Mittelrhein. Geol.-Vereins. Jahrg. 1. No. 6. S. 41—45.

Troschel, F. H., Beobachtungen über die Fische in den Eisennieren des Saarbrückener Steinkohlengebirges. Verh. d. nat. Ver. Jahrg. 14. S. 1—19. Mit 2 Tafeln. Daraus im N. Jahrb. f. Min. u. s. w. 1858. S. 612.

Vollpracht, F., Chem. Analyse der heissen Quelle des Badehauses der Vier Jahreszeiten in Wiesbaden. Jahrb. d. Ver. f. Nat. H. 12. S. 411—419.

Weber, C. O., Pflanzenabdrücke im vulkanischen Tuff von Plaidt. Verh. des nat. Ver. Jahrg. 14. S. XI—XII. Daraus im N. Jahrb. f. Min. Jahrg. 1857. S. 249—250.

— — Pflanzenversteinerung aus dem dolomitischen Muschelkalk von Igel bei Trior. Ib. S. LXXIII.

Wegeler, Jul., Geh. Mediz.-Rath, Der Heilbrunnen. Coblenz.

Zeiler, F., Versteinerungen der älteren Rheinischen Grauwacke. Verh. d. nat. Ver. Jahrg. 14. S. 45—51. Mit 2 Tafeln. Daraus im N. Jahrb. f. Min. u. s. w. v. Leonh. u. Bronn. Jahrg. 1858. S. 744 u. 745.

1858.

Anonym. Das Mineralwasser zu Geilnau. Wiesbaden.

Baumert, F. M., Magnetkies von Bernkastel (Köln. Zeit.). N. Jahrb. f. Min. u. s. w. Jahrg. 1858. S. 695.

Beissel, J., Ueber geognostische Schichten von organischem Quarzsand bei Aachen. Bericht über d. Vers. d. Akad. d. Wiss. zu Berlin Jahrg. 1858. S. 118—123.

Bergemann, C., Chem. Analyse des Ehlit. Verh. d. nat. Ver. Jahrg. 15. S. I—II.

Bergemann, C., Ueber Ehlit, ein Phosphor- und Vanidinsaures Kupfer-Oxyd. N. Jahrb. f. Min. u. s. w. Jahrg. 1858. S. 190—195.

Beyrich, E., Ueber die Abgrenzung der oligocänen Tertiärzeit. Bericht über d. Verh. d. Akad. d. Wissensch. zu Berlin. Jahrg. 1858. S. 51—69.

— — Palaechinus Rhenanus n. sp. von Wipperfürth. Zeitschr. d. d. geol. Ges. Bd. 9. S. 4. N. Jahrb. f. Min. u. s. w. v. Leonh. u. Bronn. Jahrg. 1858. S. 110.

Chapuis, F., Nouvelles recherches sur les fossiles des terrains secondaires de la province de Luxembourg Mém. de l'Acad. roy. d. Belg. Vol. 33. Bruxelles.

Dechen, H. v., Flötzkarte der Steinkohlenformation in Westphalen bei A. Baedecker in Iserlohn. 4. Sect. Verh. d. nat. Ver. Jahrg. 15. S. CIX—CXIV.

— — Bildung von Weissbleierz in der Gegenwart. (Köln. Zeit.). N. Jahrb. für Min. u. s. w. Jahrg. 1858. S. 216—217.

— — Naturbeschaffenheit des Landes in G. v. Viebahn, Statistik des Zollvereins und nördlichen Deutschlands. Bd. 1. Berlin. S. 529—623. Bergbau, Hütten- und Salinenbetrieb u. s. w. Bd. 2. (1862.) S. 347—502.

Dippel, C., Die Achat-Industrie im Idarthale. Westermanns illustrirte deutsche Monatshefte. Bd. 4. Braunschweig. S. 557—561.

Dücker, F. Freih. v., Alluvium und Diluvium bei Duisburg mit Baumstämmen. Verh. d. nat. Ver. Jahrg. 15. Corresp. S. 50—53.

Fischer, F. W., Die Arminiusquelle (Lippspringe). Balneol. Skizze. Paderborn.

Fresenius, R., Chem. Untersuchung der wichtigsten Mineralwasser des Herz. Nassau. 6te Abth. Jahrb. d. Ver. f. Nat. H. 13. S. 1—27. Daraus im N. Jahrb. f. Min. u. s. w. Jahrg. 1860. S. 443.

Fuhlrott, C., Erratische Blöcke bei Dilldorf a. d. Ruhr. Jahresbericht d. naturwiss. Ver. von Elberfeld u. Barmen. Heft 3. S. 8.

Gergens, F., Ueber Konferven-artige Bildungen in manchen Chalcedon-Kugeln. Neue Jahrb. f. Min. u. s. w. Jahrg. 1858. S. 801—807.

Giebeler, W., Die Tiefbohrung auf kohlensäurehaltiges Soolwasser zu Soden. Jahrb. d. Ver. f. Nat. H. 13. S. 330—347.

Grossmann, Soden am Taunus. Mainz.

Hagen, H. A., Ascalaphus proavus aus der Rhein. Braunkohle. Palaeont. Bd. 5. Lief. 5. S. 125—126.

Hosius, Westphälische Kreidebildungen. Verh. d. nat. Ver. Jahrg. 15. Corresp. S. 49.

Humboldt, A., Freih. v., Kosmos. Entwurf einer phys. Weltbeschreibung Bd. 4. Stuttgart u. Tüb.

    Maare der Eifel. S. 275—279 u. 518 u. 519.
    Bimsstein zwischen Niedermendig und Sayn. S. 280 u. 281.
    Trachyt und Basalt, Vorkommen im Siebengebirge. S. 281.
    Infusorien im Tuff und Trass, Laacher See und Brohlthal. S. 282.
    Mineral. Zusammensetzung des Trachyts im Siebengebirge und Westerwald. S. 469 u. 470, 619 u. 621.
    Glimmer in der Eifel und am Laacher See. S. 477. 537.
    Leucit am Laacher See und bei Rieden S. 479.
    Olivin in der Eifel und in den Rheingegenden. S. 481.

Jochheim, P., Die Mineralquellen des Grossh. Hessen, s. Enklaven und der Landgrafsch. Hessen-Homburg. Erlangen.

Jung, W., Magneteisenstein-Vorkommen auf der Grube Alte Birke bei Eisern unweit Siegen. Verh. d. nat. Ver. Jahrg. 15. S. 208—210.

Koch, C., Paläozoische Schichten und Grünsteine in den Herz. Nassauischen Aemtern Dillenburg und Herborn. Jahrb. d. Ver. f. Nat. H. 13. S. 85—329. Mit 1 Karte und 2 Tafeln.

Lindenborn, A. und *J. Schuchart*, Untersuchung der Mineralquelle im Schützenhofe zu Wiesbaden. Jahrb. d. Ver. f. Nat. H. 13. S. 53—63. Daraus im N. Jahrb. f. Min. u. s. w. Jahrg. 1860. S. 569.

Lottner, F. H., Flötzkarte des Westphälischen Steinkohlen-Gebirges. Verband. d. nat. Ver. Jahrg. 15. Corresp. S. 46—47.

Ludwig, R., Die Eisensteinlager in den paläozoischen Formationen Oberhessens und des Dillenburgischen. Notizblatt d. Ver. d. Erdkunde zu Darmstadt u. d. Mittelrhein. geol. Ver. No. 18. S. 129—131.

— — Braunkohlenlager im Cyrenenmergel bei Ingelheim in Rheinhessen. Ib. No. 19. S. 143.

— — Fossile Pflanzen aus der mittleren Etage der Wetterau-Rhein. Tertiärformation. Palaeontogr. Bd. 5. Lief. 5. S. 132—134 u. Lief. 6. (1858.) S. 135—151.

Mark, W. v. d., Phosphorsäuregehalt in Gebirgsarten der Westphäl. Kreide- und Steinkohlenformation, Bohrloch bei Winterswyk, Plattenkalk von Sendenhorst. Verh. d. nat. Ver. Jahrg. 15. Corresp. S. 44—45.

— — Die Diluvial- und Aluvial-Ablagerungen im Innern des Kreidebeckens von Münster. Ib. S. 1-47.

— — Die organischen Reste des Diluvialkieses von Hamm Ib. S. 48—76. Mit 8 Tafeln.

— — Ueber einige Wirbelthiere, Cruster und Cephalopoden der Westphälischen Kreide. Zeitschr. d. d. geol. Ges. Bd. 10. S. 231—271. Mit 2 Tafeln.

Meyer, H. v., Reptilien aus der Steinkohlenformation Deutschlands. Palaeont. Beitr. z. Naturg. d. Vorw. Bd. 6., Lief. 2. (1857.) S. 59—106. Lief. 3. (1857.) S. 107—138; Lief. 4. 1857). S. 139—178. Lief. 5. (1857.) S. 179—218. 16 Tafeln. Auch als besonderes Werk. Cassel. Daraus im Jahrb. f. Min. u. s. w. Jahrg. 1858. S. 239 u. 240.

— — Nachtrag, insbesondere zu Archogosaurus latirostris. Ibid. Lieferung 6. (1858.) S. 219—220.

Müller, J., Einige Echinodermen der Rheinischen Grauwacke und Eifeler Kalke. Monatsber. d. Berl. Akad. 1858. S. 285. Daraus im N. Jahrb. f. Min. u. s. w. v. Leonh. u. Bronn. Jahrg. 1858. S. 370—372.

Nauck, Reste von Biber im Diluvialthon vom Hülserberg bei Crefeld, Blitzröhre von Crefeld, verkieselte Insekten-Larve in verkieseltem Holz von Aachen. Verh. d. nat. Ver. Jahrg. 15. S. 37—38.

Noeggerath, J., Die geologischen Orgeln, natürlichen Schächte und Erdpfeifen. Westermanns illustrirte deutsche Monatshefte. Bd. 4. Braunschweig. S. 77—79.

— — Die Marmor-Gewinnung aus den Römischen Wasserleitungen in der preussischen Rheinprovinz. Ibid. S. 165—171.

— — Der rheinische Trass. Ibid. S. 519—524.

— — (anonym), Die Steinbrüche zu Niedermendig und Mayen. In Illustrirte Zeitung. S. 60—62. Forts. S. 70. Leipzig.

— — Wawellit von der Grube Eisenzeche bei Oberscheld. Verh. d. nat. Ver. Jahrg. 15. S. VIII—IX.

Orville, W. d' u. *W. Kalle*, Analyse der Faulbrunnenquelle in Wiesbaden. Jahrb. d. Ver. f. Nat. H. 13. S. 41—52. Daraus im N. Jahrb. f. Min. u. s. w. Jahrg. 1860. S. 444.

Rath, G. v., Basaltkuppe Scheidsburg bei Remagen. Verh. d. nat. Ver. Jahrg. 15. S. IX—X. Daraus im N. Jahrb. f. Min. u. s. w. Jahrg. 1859. S. 835 u. 836.

Röhl, v., Versteinerungen aus Rheinischer Grauwacke. Verh. d. nat. Ver. Jahrg. 15. S. XXXIX.
— — Reste grosser Vierfüssler am Rhein und Lippe. Ib. CXXVIII—CXXIX.
Römer, F., Zweites Exemplar von Archaeoteuthis Dunensis aus dem Thonschiefer von Wassenach am Laacher See. N. Jahrb. f. Min. u. s. w. v. Leonh. u. Bronn. Jahrg. 1858. S. 55—56.
— — Versteinerungen der silurischen Diluvial-Geschiebe von Gröningen in Holland. N. Jahrb. f. Min. u. s. w. Jahrg. 1858. S. 257—272.
Sandberger, F., Ueber den Carminspath. Ann. d. Phys. Pogg. Bd. 103 (179). S. 345—347. Daraus im N. Jahrb. f. Min. u. s. w. Jahrg. 1859. S. 190.
— — Brochantit aus Nassau. Ib. Bd. 105 (181). S. 614—618.
Schauer, Bad Wildungen u. s. w. Arolsen.
Strombeck, A. v., Ueber den Gault bei der Frankenmühle unweit Ahaus. Verh. d. nat. Ver. Jahrg. 15. S. 443—450.
Suchsland, R. und *W. Valentin*, Untersuchung der heissen Mineralquelle im Badhaus zum goldenen Brunnen in Wiesbaden. Jahrb. d. Ver. f. Nat. H. 13. S. 28—40.
Triger, Ueber das Alter der Kreide von Aachen und Maastricht. Bullet. géol. Bd. 15. S. 205. Daraus im N. Jahrb. f. M. u. s. w. Jahrg. 1858. S. 850—851.
Troschel, F. H., Coluber papyraceus (Morelia papyr.) aus der Braunkohle von Rott. Verh. d. nat. Ver. Jahrg. 15. S. CXXVI—CXXVII. Daraus im N. Jahrb. f. Min. u. s. w. J. 1859. S. 237.
Weber, C. O., Blatt von Sabal major aus der Braunkohle von Rott. Verh. d. nat. Ver. Jahrg. 15. S. XCVI—XCVIII. Daraus im N. Jahrb. f. Min. u. s. w. Jahrg. 1859. S. 237—238.

1859.

Baur, F., Das Vorkommen von Bleierzen und deren Gewinnung am Bleiberge bei Commern. Ohne Druckort.
Beissel, J., Kreideforaminiferen von Aachen. Verh. d. nat. Ver. Jahrg. 16. Corresp. S. 44—45.
Bergemann, C., Bemerkungen über den Eisenstein von Horhausen. Verh. d. nat. Ver. Jahrg. 16. S. 127—130.
Beyrich, E., Ueber das Vorkommen der Goniatiten bei Brilon. (Nur Titel.) Bericht über die Verh. der Akad. d. Wiss. zu Berlin. Jahrg. 1859. S. 405.
Böhm, L., Bericht über die Saison zu Bertrich. Berlin.
Casselmann, W., Ueber die Zusammensetzung der in der Nähe von Dillenburg vorkommenden Nickelerze. Jahrb. d. Ver. f. Nat. H. 14. S. 424—431.
— — Ueber ein Graphitvorkommen in der Nähe von Montabaur. Ib. S. 432—433. Daraus im N. Jahrb. f. Min. u. s. w. v. Leonh. u. Bronn. Jahrg. 1861. S. 602.
Cotta, B., Bituminöser Liasschiefer von Falkenhagen in Lippe-Detmold. (Berg- und hüttenmänn. Zeit. Jahrg. 17. S. 304.) Daraus im N. Jahrb. f. Min. u. s. w. v. Leonh. u. Bronn. Jahrg. 1859. S. 825.
Debey, M. H. und *C. Ritter v. Ettinghausen*. Die urweltlichen Thallophyten des Kreidegebirges von Aachen und Maestricht. Denkschrift d. math.-naturw. Klasse der k. Akad. d. Wissensch. Bd. 16. Wien. Mit 3 Tafeln.
— — Die urweltlichen Acrobryen des Kreidegebirges von Aachen und Maestricht. Denkschr. der math.-naturw. Klasse der k. Akad. d. Wissensch. B. 17. Mit 7 Tafeln. Wien.

Dechen, H. v., Melaphyr in dem Steinkohlengebirge der Blies- und Nahegegenden. Verh. d. nat. Ver. Jahrg. 16. Sitzungsber. d. Niederrheinischen Gesellsch. S. 8.

— — Roderberg bei Bonn. Ib. S. 63 - 64.

Deicke, H., Untersuchungen über Salmiak, welcher sich auf brennenden Aschenhaufen zu Oberhausen findet. Im Programm der Realschule von Mülheim an der Ruhr. Mülheim a. d. Ruhr.

Ehrenberg, C. G., Ueber organischen Quarzsand und G. Beissels Beobachtung solcher Schichten bei Aachen. Monatsber. d. Berl. Akad. 1858. S. 118. Daraus im N. Jahrb. f. Min. u. s. w. Jahrg. 1859. S. 464.

Engelhardt, Die Tiefbohrung auf dem Rothenberge bei Werssen. Zeitschr. f. d. Berg-, Hütten- und Salinenwesen in. d. Preuss. Staate. Bd. 7. S. 39 - 44.

Förstemann, F. C., Der Gesteinsmagnetismus oder das polar-magnetische Verhalten der Felsarten. Westermann's Monatsheftel. Bd. 5. S. 17—177.

Fuhlrott, C., Paläontologisches. Verh. d. nat. Ver. Jahrg. 16. S. 125 - 126.

— — Menschliche Ueberreste aus einer Felsengrotte (Neanderhöhle) des Düsseltbales. Ein Beitrag zur Frage über die Existenz fossiler Menschen. Ibid. S. 131—153. Mit 1 Tafel.

Grooss, A., Fossile Pflanzen im Taunusquarzit bei Ockstadt. Notizblatt d. Vereins f. Erdk. zu Darmst. u. des Mittelrh. geol. Ver. Jahrg. II. No. 82. S. 71.

Gümbel, C. W., Beiträge zur Flora der Vorzeit, namentlich des Rothliegenden bei Erbendorf. (Enthält auch Notizen über Pflanzenreste vom Donnersberg.) Denkschr. d. k. botan. Ges. zu Regensburg. Bd. IV. 1. Abth. S. 5—107. Mit Tafel.

Heyden, C. v., Insekten aus der Rheinischen Braunkohle. Palaeont. Bd. 8. S. 1. N. Jahrb. f. Min. u. s. w. Jahrg. 1860. S. 377.

Hildebrand, E., Analyse des Manganspathes von Oberneisen. Jahrb. d. Ver. f. Nat. H. 14. S. 434—435.

Hjelt C. und *R. Röhr*, Chem. Untersersuchung des Mineralwassers im Badehause zu den Vier Jahreszeiten in Wiesbaden. Jahrb. d. Ver. f. Nat. H. 14. S. 436—446.

Koch, C., Im Nassauischen vorkommende Mineralien. Jahrb. d. natur. Ver. in Nassau. Bd. 12. S. 897. N. Jahrb. f. Min. u. s. w. Jahrg. 1859. S. 84—85.

Krantz, A., Einige Beiträge zur geologisch-mineralogischen Kenntniss der Rheinlande. Verh. d. nat. Ver. Jahrg. 16. S. 154—161.

Lottner, F. H., Geognostische Skizze des Westphälischen Steinkohlen-Gebirges. Erläuternder Text zur Flötzkarte des Westphälischen Steinkohlengebirges. Iserlohn. II. Aufl. 1858. Anzeige im Jahrb. f. Min. u. s. w. Jahrg. 1859. S. 846.

Ludwig, R., Ueber die Urgeschichte der Hessischen Länder. Notizblatt d. Vereins f. Erdk. zu Darmstadt u. d. Mittelrh. geol. Ver. No. 21. S. 2—5. u. No. 22. S. 11—14.

— — Ueber das Vorkommen von Bleiglanz zwischen Posidonomienschiefer (Culm) und Eisenspilit (Grünstein) bei Herborn. Ib. No. 24. S. 29. 30.

— — Tertiärbildungen bei Bad Homburg (v. d. Höhe). Ib. No. 25. S. 38—39.

— — Die Lagerung des Sericitschiefers bei Bad Homburg (v. d. Höhe). Ibid. No. 26. S. 44—45.

— — Lagerungsverhältnisse des Quarzites und Sericitschiefers zwischen Auringen Oberseelbach und Naurod. Ib. No. 27. S. 55 - 56.

— — Mollusken des Meeres und des süssen Wassers aus der westphäl. Steinkohlenformation. Ib. No. 28—31. S. 60—63.

— — Lagerungsverhältnisse des Quarzites und Sericitschiefers bei Bingen, Schloss Johannisberg und Rüdesheim. Ib. No. 32. S. 71—72.

Ludwig, R., Kalk, Schiefer und Eisenstein von Walderbach. Ib. No. 35. S. 86—87.

— — Lagerung des Kramenzels, Kieselschiefers und flötzleeren Sandsteins bei Butzbach. Ib. No. 37. S. 99—100.

— — die Najaden der Rhein.-Westphälischen Steinkohlenformation. Palaeont. Bd. 8. Lief. 1. S. 31—32. Lief. 2. S. 83—88. Daraus N. Jahrb. f. Min. u. s. w. Jahrg. 1860. S. 124-126.

— —. Fossile Pflanzen aus der ältesten Abtheilung der Rhein-Wetterauer Tertiär-Formation. Palaeont. Bd. 8. Lief 2. S. 39—72. Lief. 3. (1860.) S. 73—104. Lief. 4. S. 105—136. Lief. 5. S. 137—154.

Mark, W. v. d., Chemische Untersuchung westphäl. Kreidegesteine. zweite Reihe. Verh. d. nat. Ver. Jahrg. 16. S. 1—19.

— — Gault bei Rheine. Ib. Corresp. S. 42—44.

Meyer, H. v., Archaeonectes pertusus, aus dem Ober-Devon der Eifel. Palaeont. Bd. 7. Lief. 1. S. 12—13.

— — Perca Alsheimensis und Perca Moguntina aus dem Mittel-Rhein. Tertiär-Becken. Ib. S. 19—24.

Noeggerath, J., Vorkommen von erdigem Schwefel bei Eschweiler. Verh. d. nat. Ver. Jahrg. 16. Sitz.-Ber. S. 39-40.

— — Eine Torfablagerung mit römischen Ueberresten bei Mainz. Ib. Sitz.-Berichte. S. 114—116.

— — Die Erdbrände. Westermann's Monatshefte Bd. 5. S. 622-638.

Oker, A., Chem. Analyse eines Spiriferen - Sandsteins von Kemmenau, Amts Nassau. Jahrb, d. Ver. f. Nat. H. 14. S. 447—449.

Rammelsberg, C., Ueber den Trachyt vom Drachenfels im Siebengebirge. Zeitschr. d. d. geol. Ges. Bd. 11. S. 434—445.

Reumont, A., Die Aachener Schwefelthermen. Erlangen.

Reuss, A. E., Devonische Versteinerungen von Winterstein bei Ockstadt. Notizblatt d. Ver. f. Erdk. zu Darmstadt u. d. Mittelrh. geol. Ver. No. 24. S. 28.

Roehl, v., Fossilienreicher Tertiärthon bei Wesel (Dingden). Verh. des nat. Vereins. Jahrg. 16 Sitz.-Ber. S. 27—29.

Sandberger, F., Die Bohrung auf kohlensäurehaltiges Soolwasser zu Soden im Herz. Nassau. N. Jahrb. f. Min. u. s. w. v. Leonh. u. Bronn. Jahrg. 1859. S. 46—50.

Sandberger, G., Geognost.-paläontol. Kleinigkeiten aus den Rheinl. 3tes Stück. Verh. d. nat. Ver. Jahrg. 16. S. 78—86.

Scharff, Fr., Ueber den Axinit des Taunus. Notizblatt d. Ver. f. Erdk. u. d. Mittelrh. geol. Ver. Jahrg. II. (1860). No. 21. S. 6.

— — Die Quarzgänge des Taunus. Ib. No. 39. S. 115—117. u. No. 40. S. 123—126.

Schnabel, O., Braune Blende von der Grube Mückenwiese bei Burbach u. Antimonocker von der Grube Hercules bei Eisern. Pogg. Ann. Bd. 13. S. 146. N. Jahrb. f. Min. u. s. w. Jahrg. 1859. S. 288.

Strombeck, A. v., Beitrag zur Kenntniss des Pläners über der Westphälischen Steinkohlenformation. Zeitschr. d. d. geol. Ges. Bd. 11. S. 27—71. (Ebenso: Verhandl. d. naturh. Ver. Bd. 16. 1859. S. 162—215.

Troschel, F. H., Ueber einen Pseudopus aus der Rotter Braunkohle. Verh. d. naturh. Ver. Jahrg. 16. Sitz.-Ber. S. 40. Daraus im N. Jahrb. f. Min. u. s. w. Jahrg. 1860. S. 500.

— — Fossile Säugethiere von Rott. Verh. d. nat. Ver. Jahrg. 16. Corresp. S. 49.

Weinkauff, H. C., Die tertiären Ablagerungen im Kreise Creuznach. Ib. S. 64—77.

Zirkel, F., Die trachytischen Gesteine der Eifel. Zeitschr. d. d. geol. Ges. Bd. 11. S. 507—540. Mit 1 Karte.

1860.

Broeucker, T., Verzeichniss devonischer Petrefacten aus dem Kreise Gummersbach u. Waldbroel. Verh. d. nat. Ver. Jahrg. 17. S. 199—202.

Casselmann, W., Chem. Untersuchung einiger Mineralquellen zu Soden und zu Neuenhain. Jahrb. d. Ver. f. Nat. H. 15. S. 139—226.

— — Nickelerze in der Nähe von Dillenburg. Dingler Polytech. Journal Bd. 151. S. 30. Daraus N. Jahrb. f. Min. u. s. w. Jahrg. 1861. S. 488 u. 489.

Cotta, B. v., Basalt des Scheidskopfs bei Remagen. Berg- und hüttenm. Zeit. 1860. S. 124. N. Jahrb. f. Min. u. s. w. Jahrg. 1860. S. 604—605.

Dechen, H. v., Das Alter der Lavaströme in der Eifel. Verh. d. nat. Ver. Jahrg. 17. Sitz.-Ber. S. 90—92. Daraus im N. Jahrb. f. Min. u. s. w. v. Leonh. u. Bronn. Jahrg. 1861. S. 92—96.

— — Pflanzenabdrücke in den vulkanischen Tuffen der Eifel. Ib. S. 116—117.

Deneke, Mineralien aus der Gegend von Iserlohn. Verh. d. nat. Ver. Jahrg. 17. Corresp. S. 48—49.

Dücker, F. F. Freih. v., Bildung der Brauneisensteine. Ib. S. 65—72.

Ewald, J., Fossile Fauna des unteren Gault bei Ahaus in Westphalen. Bericht über d. Verh. d. Akad. d. Wiss. zu Berlin. Jahrg. 1860. S. 332—348. Daraus im Neuen Jahrb. f. Min. u. s. w. Jahrg. 1861. S. 722—723.

Fresenius, A., Chem. Untersuchung der wichtigsten Mineralwasser des Herz. Nassau. 7te Abth. Jahrb. d. Ver. f. Nat. H. 15. S. 124—138.

Heyden, C. v., Insekten aus Rheinischer Braunkohle. Palaeont. Bd. 8. S. 1. N. Jahrb. f. Min. u. s. w. Jahrg. 1860. S. 377.

Heymann, H., Turriliten von Haldem, westphäl. Kreide. Verh. d. nat. Ver. Jahrg. 17. Sitz.-Ber. S. 59—62.

— — Scaphiten von Haldem, westphäl. Kreide. Ib. S 92—95.

Hosius, Beiträge zur Geognosie Westphalens. Zeitschr. d. d. geol. Ges. Bd. 12. S. 48—96. Mit 1 Tafel. Ebenso Verh. d. naturh. Ver. Jahrg. 17. 1860. S. 274.

Koch, C., Das Vorkommen von Schwefelkiesen und Pseudomorphosen nach denselben in der Kramenzelformation. Notizblatt d. Ver. f. Erdk. u. d. Mittelrh. geol. Ver. Jahrg. III. No. 42. S. 12—14. No. 43. S. 21—22.

— — Die Culm-Formation in Nassau. Jahrb. d. Ver. f. Naturk. in Nassau. H. 15. S. 237—242. Daraus im N. Jahrb. f. Min. u. s. w. Jahrg. 1861. S. 859.

List, K., Ueber den Braunstein der Grube Löh bei Rothemühle (Olpe). Ann. d. Phys. Poggend. Bd 110 (186). S. 321—328. Daraus im N. Jahrb. f. Min. u. s. w. v. Leonh. u. Bronn. Jahrg. 1861. S. 186.

Ludwig, R., Animalische Reste aus der westphälischen Steinkohlenformation. Notizblatt d. Ver. f. Erdk. u. d. Mittelrh. geol. Ver. Jahrg. III. (1861). No. 42. S. 10—11.

— — Die Entstehung von Süsswasserquellen bei Homburg v. d. Höhe am Taunus. Ib. 43. S. 18—22.

— — Die Mineralquellen zu Homburg v. d. Höhe. Ib. No. 52 u. 53. S. 82—86. No. 54. S. 89—95. No. 55. S. 98—104. No. 56. S. 107—112. No. 57. S. 115—117. (Auch als besonderer Abdruck, Darmstadt 1861.) Mit 2 Profilen.

Mark, Wilh. v. d., Chemische Untersuchung der Hormannsborner Stahl- und Sauerquellen (Kreis Höxter). Dortmund.

— — Fossile Fische aus dem westph. Pläner. Verh. d. nat. Ver. Jahrg. 17. Corr esp. S. 47—48.

Menke, K. Th., Odontosaurus im oberen Buntsandstein von Pyrmont. N. Jahrb. für Min. u. s. w. Jahrg. 1860. S. 66—67.

Meyer H. v., Micropsalis papyraceus aus Rheinischer Braunkohle. Palaeont. Bd. 8. S. 18—21. N. Jahrb. f. Min. u. s. w. v. Leonh. u. Bronn. 1860. S. 377.

— — Salmandrinen aus der Braunkohle am Rhein und in Böhmen Ib. Lief. 2. S. 47—73.

— — Lacerten aus der Braunkohle des Siebengebirges. Ib. S. 74—78.

— — Crinoideen aus dem Posidonomyen-Schiefer Deutschlands. Ib. S. 110--122.

— — Frösche aus den Tertiär-Gebilden Deutchlands. Ib. Lief. 3. S. 123—182.

— — Coluber (Tropidonotus) atavus aus der Braunkohle des Siebengebirges. Ib. Lief 4. S. 232—240.

Mitscherlich, A., Auffindung von Baryterde im Feldspath (Eifel und Laacher See-Gebiet) aus einer Broschüre. Ann. d. Phys. Poggend. Bd. 111 (187). S. 351—352.

Müller, E., Chem. Untersuchung des Schwefelantimons von der Casparizeche bei Arnsberg. Verh. d. nat. Ver. Jahrg. 17 Corresp. S. 53—56.

Noeggerath, J., Kunstprodukte im Rhein bei Bingen. Verh. d. naturh. Ver. Jahrg. 17. Sitz.-Ber. S. 35.

— — Plastischer Thon von Lannesdorf. Ib. S. 54—59. Daraus im N. Jahrb. f. Min. u. s. w. Jahrg. 1861. S. 97.

— — Trass von Duisdorf. Ib. 71—72.

— — Mandel aus Melaphyr bei Kronweiler an der Nahe, Pseudomorphose von Eisenglanz nach Kalkspath von Sundwig, Amalgam von Moschellandsberg, Bleiglanz von Diepenlinchen bei Stolberg. Ib. S. 78—81. Daraus im N. Jahrb. f. Min. u. s. w. v. Leonh. u. Bronn. Jahrg. 1860. S. 572 u. 573. Ib. Jahrg. 1861. S. 83 u. 84.

— — Höhlen und Erdfälle (Iserlohn). Verh. d. nat. Ver. Jahrg. 17. Corresp.-Blatt. S. 41—46.

— — Sphärosiderite aus dem Westph. Steinkohlengebirge. Ib. S. 64.

Rath, G. v., Gesteine von Olbrück und Löwenburg. Ib. Sitz.-Ber. S. 86—90. (Ausführlich: Zeitschr. d. d. geol. Gesellsch. Bd. 12. S. 29.) N. Jahrb. f. Min. u. s. w. Jahrg. 1861. S. 88 u. 90. u. S. 219—221.

— — Skizzen aus dem vulkanischen Gebiete des Niederrheins. Zeitschr. d. d. geol. Gesellsch. Bd. 12. S. 29—47.

Reuss, A. E., Anthozoen aus dem Mainzer Tertiärbecken. Sitz.-Ber. d. Akad. in Wien Bd. 35. S. 479. N. Jahrb. f. Min. u. s. w. Jahrg. 1860. S. 375.

— — Die Foraminiferen der westphäl. Kreideformation. Sitz.-Ber. d. math.-nat. Klasse d. kais. Akad. d. Wiss. in Wien. Bd. 40. S. 147—238 mit 13 Taf. Daraus im N. Jahrb. f. Min. u. s. w. v. Leonh. u. Bronn. Jahrg. 1860. S. 680—635.

Sandberger, G., Versuch das geologische Alter einer Therme, derjenigen von Wiesbaden, zu bestimmen. Zeitschr. d. d. geol. Ges. Bd. 12. S. 567—572.

Schlüter, Cl., Geognostische Aphorismen aus Westphalen. Verh. d. nat. Ver. Jahrg. 17. S. 13—39. Mit 1 Tafel.

Spengler, L., Der Curgast in Ems. Wetzlar.

Stein, R., Geognostische Beschreibung der Umgegend von Brilon. Zeitschr. d. d. geol. Ges. Bd. 12. S. 208—272. Mit 1 Karte.

Stromeyer, A., Die sogenannte Bentheimer Kohle. Jahresber. 10 der naturf. Ges. Hannover 1860. S. 338. Daraus im N. Jahrb. f. Min. u. s. w. Jahrg. 1861. S. 189.

Tamnau, Mandeln von Mettweiler bei Baumholder. Zeitschr. d. d. geol. Gesellsch. Bd. 10. S. 95. N. Jahrb. f. Min. u. s. w. Jahrg. 1860. S. 234.

Trainer, Das Vorkommen des Galmeis im devonischen Kalkstein bei Iserlohn. Verh. d. nat. Ver. Jahrg. 17. S. 261—273.

Trosohel, F. H., Fische aus der Steinkohlenformation bei Oberhausen an der Ruhr. Ib. Sitz.-Ber. d. niederrh. Ges. S. 40.

— — Sus brevirostris aus der Braunkohle von Rott. Ib. S. 86.

— — Siebenschläfer von Rott; Planorbis Nevelli daselbst. Ib. S. 121—122.

Vogel, C., Ueber die Absonderungsformen vulkanischer Gesteine im Siebengebirge und dessen Umgebungen. Jahresber. d. Dorotheenstädtischen Realschule in Berlin. S. 1—14. Mit 1 Tafel.

Vulger, O., Teleosteus primaevus, Gräthenfisch im Dachschiefer von Caub. Erster Bericht d. Offenbacher Ver. f. Naturk. 1860. S. 37. Daraus im N. Jahrb. f. Min. u. s. w. Jahrg. 1860. S. 768.

— — Ueber die Lagerungsverhältnisse und die Entwickelungsgeschichte der Braunsteine insbesondere derjenigen des Lahn-Gebietes. Verh. d. d. Hochstiftes 1860. S. 36. N. Jahrb. f. Min. u. s w. Jahrg. 1861. S 336—347.

Wagener, R., Ueber die Liasschichten von Falkenhagen und vom Fürstenthume Lippe-Detmold. Verh. d. nat. Ver. Jahrg. 17. S. 154—178.

Weber, C. O., Knochenkrankheiten der Höhlenthiere. Ib. Correspondenzbl. S. 46—47.

Weinkauff, H. C., Septarien-Thon im Mainzer Becken. N. Jahrb. f. Min. u. s. w. v. Leonh. u. Bronn. Jahrg. 1860. S. 177—195.

Weiss, E., Ueber ein Megaphytum der Steinkohlenformation von Saarbrücken. Mit Bemerkung von A. Braun. Zeitschr. d. d. geol. Ges. Bd. 12. S. 509—512 u. Abbild.

1861.

Andrä, C., Verdrängungs-Pseudomorphosen nach Steinsalz von Oberweis bei Bitburg. Verh. d. nat. Ver. Jahrg. 18. Sitz.-Ber. S. 73—74. Daraus im N. Jahrb. f. Min. u. s. w. Jahrg. 1861. S. 573.

— — Goniatiten aus der Steinkohlenformation von Bochum. Ib. Jahrg. 18. S 81—83.

— — Schwefeleisen-Nieren mit organischen Resten aus der Steinkohlenformation bei Bochum. Ib. Sitz.-Ber. S. 81 u. 82. Daraus im N. Jahrb. f. Min. u. s. w. Jahrg. 1861. S. 746 u. 747.

Bretz, Petrefacte aus dem Devonkalk von Prüm. Verh. d. nat. Ver. Jahrg. 18. Corresp. S. 54.

Dechen, H. c., Geognostischer Führer ins Siebengebirge am Rhein. Mit mineral.-petrograph. Anmerk. von G. vom Rath. Mit 1 Karte. Bonn.

— — Geognostischer Führer zu der Vulkanreihe der Vorder-Eifel. Bonn. Als geognost. Beschreibung u. s w. in den Verh. d. naturh. Ver. Jahrg. 18. S. 1—190. Anzeige im N. Jahrb. f. Min. u. s. w. v. Leonh. u. Bronn. Jahrg. 1861. S. 606—609.

— — Lagerung der Tuffe von Plaidt. Verh. d. nat. Ver. Jahrg. 18. Sitz.-Ber. S. 23—24.

— — Magneteisen in Trachytconglomerat und im vulkanischen Sande. Ib. S. 81. Daraus im N. Jahrb. f. Min. u. s. w. Jahrg. 1861. S. 578. u. 579.

— — Die Kohlenreviere der Gegend von Aachen. Ib. S. 117—124. N. Jahrb. für Min. u. s. w. Jahrg. 1862. S. 609—613.

— — Die Salzquellen im Reg.-Bez. Trier. Ver. d. nat. Ver. Jahrg. 18. Corresp.-Blatt S. 57—63.-

— — Ausbruchstelle der Lava von Niedermendig (Köln. Zeit.) N. Jahrb. f. Min. u. s. w. Jahrg. 1861. S. 98.

Deiters, M., De connexu inter Trachyten et basalten. Diss. inaug. geogn. Bonnae.

Deiters, M., Die Trachydolerite des Siebengebirges. Zeitschr. d. d. geol. Ges. Bd. 13. S. 99—135. Mit 2 Tafeln.

Gergens, F., Ueber tertiäre Blutegel-Coccons bei Mainz. N. Jahrb. f. Min. u. s. w. Jahrg. 1861. S. 670—671.

Gurlt, A., Die Contractionsformen bei plutonischen Gesteinen. Verh. d. nat. Vereins. Jahrg. 18. Sitz.-Ber. S. 29—33.

— — Erzvorkommen am Maubacher Bleiberge, Kreis Düren. Ib. S. 56—62. Daraus im N. Jahrb. f. Min. u. s. w. v. Leonh. u. Bronn. Jahrg. 1861. S. 609—612.

Heine, Th., Geognostische Untersuchung der Umgegend von Ibbenbühren. Zeitschr. d. d. geol. Ges. Bd. 13. S. 149—242. Mit 1 Karte. Ebenso Verh. d. naturhist. Ver. Jahrg. 19. 1862. S. 107—211. N Jahrb. f. Min. u. s. w. Jahrg. 1863. S. 855 u. 856.

Heymann, H., Jugendzustände von Eucalyptocrinus aus Eifelkalkstein. Verh. des nat. Ver. Jahrg. 17. Sitz.-Ber. S. 39—40.

— — Spirifer Verneuilii vom Breinigerberge bei Stolberg. Ib. S. 83—84.

— — Die Entstehung der Thoneisenstein-Nieren. Ib. Corresp. S. 91 - 93.

Ludwig, R., Fossile Pflanzen aus dem tertiären Spatheisenstein von Montabaur. Palaeont. Bd. 8. Lief. 6. (1861.) S. 160 -181.

— — Süsswasser-Bewohner aus der Westphäl. Steinkohlenformation. Ib. 182—194.

— — Ueber das Vorkommen von Bleiglanz zwischen Culm und Eisenspilit bei Herborn. Notizblatt d. Ver. f. Erdk. No. 24. N. Jahrb. f. Min. u. s. w. v. Leonh. und Bronn. Jahrg. 1861. S. 701—702.

Noeggerath, J., Kalkspathkrystalle aus Mandeln des Melaphyrs bei Kronweiler. Verh. d. naturhist. Ver. Jahrg. 18. Sitz.-Ber. S. 7 u. 8. Daraus im N. Jahrb. f. Min. u. s. w. Jahrg. 1861. S. 328.

— — Das Alter des Menschengeschlechts. (Steinwaffen von Cordel und Saarlouis.) Verh. d. nat. Ver. Corresp. S. 47—49.

— — Pseudomorphosen nach phosphorsaurem Blei und Schwerspath. Ib. S. 58. Daraus in N. Jahrb. f. Min u. s. w. v. Leonh. u. Bronn. Jahrg. 1862. S. 1000.

— — und *Jung, C.*, Goldvorkommen bei Bernkastel. Ib. S. 93—94.

Quenstedt, Fr. A., Epochen der Natur. Tübingen.

— — Bemerkungen zum Archegosaurus. Mit 1 Taf. N. Jahrb. f. Min. u. s. w. v. Leonh. u. Bronn. S. 294—300.

Rath, G. v., Ein Beitrag zur Kenntniss der Trachyte des Siebengebirges, Bonn. Anzeige im N. Jahrb. f. Min. u. s. w. v. Leonh. u. Bronn. Jahrg. 1861. S. 358—360.

— — Ueber die Krystallform des Bucklandits vom Laacher See. Verh. d. nat. Vereins Jahrg. 18. S. 385—396. Mit 1 Tafel.

— — Ueber die Krystallformen des Bucklandits (Orthits) vom Laacher See. Ib. Sitz.-Ber. S. 87. Ann. d. Phys. Poggend. Bd. 113 (189) S. 281—293. N. Jahrb. f. Min. u. s. w. S. 852 u. 853.

— — Titanitkrystalle in den trachytischen Auswürflingen des Laacher See's und ein neues Vorkommen von vulkanischem Eisenglanz. Ib. S. 111—114. Ann. d. Phys. Pogg. Bd. 113 (189) S. 466. N. Jahrb. f. Min. u. s. w. Jahrg. 1862. S. 89 u. 90 u. S. 484— 485.

Roehl, v., Nickelkies im Westphäl. Steinkohlengebirge. Jahrb. f. Min. u. s. w. Jahrg. 1861. S. 673—674.

Sandberger, F., Posidonien-Schichten in Nassau. Ib. S. 676—677.

Sandberger, G., Wiesbaden und seine Thermen. Eine naturhistorische Schilderung. Mit vielen Illustrationen. Wiesbaden. Anzeige im N. Jahrb. f. Min. u. s. w. v. Leonh. u. Bronn. Jahrg. 1861. S. 601.

Stippler, J., Beschreibung des Braunsteinvorkommens im Bergmeisterei-Revier Diez. Ib. S. 456—462.

Troschel, F. H., Fossile Knochen von Rott. Verhandl. d. nat. Ver. Jahrg. 18. Sitz.-Berichte S. 28.

— — Uebersicht der fossilen Thiere von Rott. Ib. S. 55—56. Daraus im N. Jahrb. f. Min. n. s. w. Jahrg. 1862. S. 895.

— — Asterolepis (?) von Paffrath. Ib. S. 125.

Wegeler, Jul., Bad Nouenahr und seine Umgebungen. Bonn.

Weber, C. O., Blattabdrücke im vulkanischen Tuff von Plaidt. Verh. d. naturh. Ver. Jahrg. 18. Sitzungsberichte der niederrh. Gesellsch. S. 19—20.

— — Pflanzen in der Westerwalder Braunkohle. Ib. S. 20—21.

— — Labatia salicites von Rott. Ib. S. 116—117.

Wenkenbach, Fr., Beschreibung der im Herz. Nassau an der unteren Lahn und am Rhein aufsetzenden Erzgänge. Jahrb. d. Ver. f. Nat. H. 16. S. 266—303. Mit 1 Karte und 2 Tafeln.

Weiss, E., Megaphytum Goldenbergii. Verh. d. nat. Ver. Jahrg. 18. Corresp.-Blatt. S. 50—51.

— — Pflanzenreste im vulkanischen Tuffe bei Schutz in der Eifel (Brief an E. Beyrich). Zeitschr. d. d. geol. Ges. Bd. 13. S. 16—17.

Zirkel, F., Die trachytischen Gesteine der Eifel. Ib. Bd. 11. S. 507. N. Jahrb. f. Min. n. s. w. Jahrg. 1861. S. 360—361.

1862.

Andrä, C., Fossile Bivalven aus dem Devon von Friesdorf und Liasconchylien von Echternach. Verh. d. nat. Ver. Jahrg. 19. Sitz.-Ber. S. 75.

— — Neue Pflanzen aus dem Rheinischen Steinkohlengebirge. Verh. d. nat. Ver. Jahrg. 19. Corresp. S. 87—90. N. Jahrb. f. Min. n. s. w. v. Leonh. u. Broun. Jahrg. 1863. S. 497.

— — Homalonotus aus den Devonschichten von Unkel. Ib. S. 90.

Credner, H., Ueber d. geognost. Verhältnisse d. Umgegend von Bentheim. Jahresber. 11. d. naturf. Ges. in Hannover. S. 31. N. Jahrb. f. Min. n. s. w. Jahrg. 1862. S. 890—891

— — Vorkommen von Asphalt bei Bentheim. Ib. S. 39. N. Jahrb. f. Min. n. s. w. Jahrg. 1862. S. 833.

Dechen, H. v., Die vulkanische Hügelgruppe von Ochtendung. Verh. d. nat. Ver. Jahrg. 19. Sitz.-Ber. S. 44—47.

— — Ueber die Lagerung zweier Lavaströme über einander bei Niedermendig. Ibid. S. 47—48. Daraus im N. Jahrb. f. Min. u. s. w. Jahrg. 1862. S. 1003.

— — Mejonit und Granaten in Blöcken vom Laacher See, Infusorienerde von Tönnisstein. Ib. S. 72—73. Daraus im N. Jahrb. f. Min. u. s. w. Jahrg. 1862. S. 484.

— — Fossile Pferdezähne von Saffig. Ib. S. 73.

— — Die Grenze von Basalt und Trachytconglomerat am Weilberge bei Heisterbach. Ib. S. 97—99.

— — Tertiäres Alter einiger vulkanischer Tuffe in der Eifel und im Gebiete des Laacher See. Ib. S. 178—179. Daraus im N. Jahrb. f. Min. u. s. w. Jahrgang 1862. S. 1002 u. 1003.

Deiters, M., Die Trachydolerite des Siebengebirges. Zeitschr. d. d. geol. Ges. Bd. 13. S. 99. N. Jahrb. f. Min. u. s. w. Broun. u. v. Leonh. Jahrg. 1862. S. 190—191.

Göppert, H. R., Neuere Untersuchungen über Stigmaria ficoides (Saarbrücken und Bochum). Zeitschr. d. d. geol. Ges. Bd. 14. S. 555—566.

Grooss, A., Aus der Section Usingen-Fauerbach. Notizblatt d. Vereins f. Erdk. u. d. mittelrh. geol. Ver. nebst Mitth. aus d. Grossh. Hess. Centralstelle f. d. Landesstat. 1. Heft. No. 1. S. 7—10.
— — Geognostische Beobachtungen in der Umgegend von Nieder-Ingelheim. Ib. No. 7. S. 107—112.
Heyden, C. v., Gliederthiere aus der Braunkohle des Niederrheins u. s. w. Palaeont. Bd. 10. Lief. 2. S. 62—82.
Heymann, H., Grengesit im Melaphyr von Herrstein. Verh. d. Ver. Jahrg. 19. Sitz.-Ber. S. 27.
Hundt, Th., Vorkommen von Magneteisen auf der Grube Alte Birke bei Eisern und der Schwefelkieslager bei Meggen und Halberbracht. Verh. d. nat. Ver. Jahrg. 19. Corresp. S. 59—62. N. Jahrb. f. Min. u. s. w. Jahrg. 1863. S. 601.
Huxley, F. H., Archaeoteuthis (Palaeoteuthis) Dunensis Röm. ist ein Fisch, Pteraspis. Lond. Edinb. Philos. Mag. T. 21. p. 305. N. Jahrb. f. Min. u. s. w. v. Leonh. u. Bronn. Jahrg. 1862.
Jones, R., A monograph of the fossil Estheriae. Palaeontogr. societ. London. S. 1—134. Mit 5 Tafeln. Enthält auch Estheria tenella Jordan.
Klicer, H., Die geognostischen Verhältnisse des Siegerlandes. Verh. d. nat. Ver. Jahrg. 19. S. 309—320.
Koch, K., Ueber die Eisenspilite. Verh. d. nat. Ver. Jahrg. 19. S. 302—308.
Ludwig, R., Die Dyas in Westdeutschland In: (1861—62) Geinitz, H. B., Dyas oder die Zechsteinformation und das Rothliegende (permische Formation) II. Heft S. 239—281.
Mark, W. v. d., Organische Reste der westph. Kreide, besonders des Plattenkalkes von Sendenhorst. Verh. d. nat. Ver. Jahrg 19. Corresp. S. 70—71.
Noeggerath, J., Verglaster Porphyr vom Donnersberge. Verh. d. nat. Ver. Jahrg. 19. Sitzungsberichte der niederrhein. Gesellsch. S. 22—24. Daraus im N. Jahrb. für Min. u. s. w. v. Leonh. u. Bronn. Jahrg. 1862. S. 737 u. 738.
— — Geschiebe in Steinkohlen von der Grube Frischauf bei Witten. Ib. S. 29. Daraus im N. Jahrb. f. Min. u. s. w. S. 192.
— — Ueber das Erdbeben auf dem Liedberge am 18. März. 1863. Ib. S. 157—158.
Noeggerath, J., C. O. Weber, Schaaffhausen. Moos-Achate. Ib. S. 175—177.
Noeggerath, J. u, Schaaffhausen. Steinbilder aus dem Bleibergwerke zu Roggendorf. Ibid. S. 201. 204.
— — Der grosse intermittirende Wassersprudel zu Bad Neuenahr an der Ahr. Ann. d. Phys. Pogg. Bd. 115 (191). S. 169—175.
— — Die intermittirende heisse Springquelle von Neuenahr Berg- und hüttenm. Zeitung. Jahrg. 21. S. 29. N. Jahrb. f. Min. u. s. w. Jahrg. 1862. S. 498—500.
Rath, G. v., Skizzen aus dem vulkanischen Gebiete des Niederrheins. 1. Forts. Zeitsch. d. d. geol. Ges. Bd. 14. S. 655—675. Mit 1 Ansicht.
— — Mineralogische Mittheilungen. Titanit vom Laacher See. Ann. d. Phys. Poggend. Bd. 115 (191). S. 466—487.
— — Gesteine des Perlerkopfs bei Hannebach. Verh. d. nat. Ver. Jahr. 19. Corresp. S. 71—72.
Reuss, A. E., Die Foraminiferen des norddeutschen Hils und Gault mit 13 Tafeln. Sitz.-Ber. der mathem.-naturh. Kl. d. k. Akad. d Wiss. in Wien. Bd. 46. 1. Abth. S. 5—100.
Riemann, A. W., Das Vorkommen, die Verbreitung und Gewinnung des Braunsteins

im Kreise Wetzlar. Zeitschr. f. d. Berg-, Hütten- und Salinenwesen in den Preuss. Staaten. Bd. 10. S. 1—12.

Rosbach, H., Rhinozeros-Schädel bei Wasserbillig. Verh. d. nat. Ver. Jahrg. 19. S. 211.

Schlüter, Cl., Die makruren Dekapoden der Senon- und Cenoman-Bildungen Westphalens. Zeitschr. d. d. geol. Ges. B. 14. S. 702—749. Mit 4 Tafeln. Nachschrift von H. B. Geinitz. N. Jahrb. f. Min. u. s. w. Jahrg. 1863. S. 756—758.

Seibert, Aus der Section Worms, linke Rheinseite. Notizblatt d. Ver. f. Erdk. u. d. mittelrh. geol. Ver. u. s. w. Heft 1. No. 3. S. 41—42.

Troschel, F. H., Ueber die fossile Schlange von Rott. Wiegm. Arch. Bd. 27. S. 326 1 Taf. N. Jahrb. f. Min. u. s. w. Jahrg. 1862. S. 754—755.

Weber, C. O., Pflanzenreste im vulkanischen Tuffe der Eifel. Verb. d. nat. Vereins Jahrg. 19. Sitz.-Ber. S. 177—178.

Wegeler, Jul., Der Heilbrunnen. In Verbindung mit dem Tönnissteiner Brunnen. Vierte Auflage. Coblenz.

Weiss, E., Megaphytum aus der Steinkohlenformation Saarbrückens. Zeitschr. d. d. geol. Ges. Bd. 12. S. 509. N. Jahrb. f. Min. u. s. w. Jahrg. 1862. S. 379—380.

— — Pflanzenabdrücke im vulkanischen Tuffe bei Schutz. Verh. d. nat.Ver. Jahrg.19. Corresp. S. 64—66.

Zirkel, F., Bournonit (von der Grube Silberwiese bei Oberlahr). Sitz.-Ber. d. Akad. in Wien. Bd. 45. S. 431. N. Jahrb. f. Min. u. s. w. Jahrg. 1862. S. 998 - 999.

1863.

Andrä, C., Fossile Pflanzen aus dem Tuffe des Brohlthales. Verh. d. nat. Ver. Jahrg. 20. Sitz.-Ber. S. 190—191.

Böttger, O., Clausilien aus dem tertiären Landschneckenkalk von Hochheim. Palaeontogr. Bd. 10. Lief. 6. S. 309—318.

Dechen, H. v., Geognostische Beschreibung des Laacher See's und seiner vulkanischen Umgebung. Verh. d. nat. Ver. Jahrg. 20. S. 249—677. Auch als Geog. Führer zu dem Laacher See u. s. w. als besonderes Werk. Bonn. Anzeige im N. Jahrb. f. Min. u. s. w. Jahrg. 1864. S. 496—500.

— — Holzartiger Lignit im Basalt und Trachytconglomerat von Dürresbach. Verh. d. nat. Ver. Jahrg. 20. Sitz.-Ber. S. 72.

— — Laacher See, Kesselthal von Wehr und Maare in der Eifel. Ib. S. 138.

— — Feuerstein-Geschiebe mit Eindrücken bei Dornap (Elberfeld). Ib. Sitzungsber. S. 133. Daraus im N. Jahrb f. Min. u. s. w. Jahrg. 1863. S. 841.

— — Vulkanischer Tuff bei Schönfeld. Ib. Corresp. S. 127.

Grooss, A., Kies und Dünensandablagerungen in der Section Mainz. Notizblatt des Ver. f. Erdkunde, des mittelrh. geol. Ver. u. s. w. II. Heft. No. 13. S. 8—11.

— — Blättersandstein in der Section Mainz. Ib. No. 14. S 27—30.

— — Beobachtungen über die Verbreitung und Aufeinanderfolge der Petrofacten in den Tertiärschichten der Section Mainz. Ib. No. 24. S. 175—178.

Hagen, A. H., Neuropteren aus der Braunkohle von Rott im Siebengebirge. Palaeont. Bd. 10. Lief. 6. (1863). S. 247—269.

Hahn, O., Geognostische Beschreibung der Lindner Mark und ihrer nächsten Umgebung bei Giessen, mit besonderer Berücksichtigung der Manganerze, so wie sämmtlicher mit denselben auftretenden Mineralien. Zeitschr. d. d. geol. Gesellsch. Bd. 15. S. 249—281.

Herget, E., Der Spiriferen-Sandstein und seine Metamorphosen. Wiesbaden. Daraus im N. Jahrb. f. Min. u. s. w. Jahrg. 1864. S. 488—489.

Heymann, H., Hohlräume und Drusenräume in Gebirgsgesteinen (Kohlenkalk von Lintorf und Ratingen). Verh. d. nat. Ver. Jahrg. 20. Sitz.-Ber. S. 107—113.

— — Bleiglanzkrystalle von Welkenraedt. Ib. S. 128—129. Daraus im N. Jahrb. f. Min. u. s. w. Jahrg. 1863. S. 594.

Jung, W., Chem. Untersuchung des frischen und des verwitterten Olivins aus dem Basalte des Unkeler Steinbruchs bei Oberwinter. Berg- u. hüttenm. Zeit. Jahrg. 22. S. 289. N. Jahrb. f. Min. u. s. w. Jahrg. 1863. S. 831 u. 832.

Lorsbach, W., Sphärosiderit von Ochtrup. Verh. d. nat. Ver. Jahrg. 20. Corresp. S. 80—81.

Lottner, F. H., Vorkommen von Haarkies im Steinkohlengebirge bei Dortmund und Bochum. Zeitschr. d. d. geol. Ges. Bd. 15. S. 242. N. Jahrb. f. Min. u. s. w. Jahrg. 1864. S. 80.

— — Krystallisirter Sandstein von Brilon. Ib. S. 242. N. Jahrb. f. Min. u. s. w. Jahrg. 1864. S. 91.

Ludwig, R., Die warmen Mineralquellen zu Bad Ems. Mit 2 Tafeln und 1 Holzschnitt. Moskau.

— — Lagerung des Dolomits und Taunusquarzits in der Nähe der Braunsteingrube bei Rosbach. Notizblatt d. Ver. f. Erdk. zu Darmstadt u. d. Mittelrh. geol. Ver. u. s. w. II. No. 15. S. 42—43.

— — Die warmen Mineralquellen zu Ems empfangen ihre höhere Temperatur durch in der Erdoberfläche vorgehende chemische Processe. Ib. No. 17. S. 73—74.

— — Aeltere Sedimentgesteine von Melaphyr durchbrochen zwischen Bodenheim, Nierstein und Dexheim in Rheinhessen. Ib. No. 19. S. 107—110.

— — Das Tertiärgestein um die aus Rothliegendem bestehende Höhe zwischen Nackenheim, Lörzweiler, Dexheim und Nierstein. Ib. No. 21. S. 128—132.

— — Calamitenfrüchte aus dem Spatheisenstein von Hattingen a. d. Ruhr. Palaeont. II. v. Mayer. Bd. 10. Lief. 1. (1861.) S. 11—16.

— — Meer-Conchylien aus der productiven Steinkohlenformation a. d. Ruhr. Palaeont. Bd. 10. Lief. 6. S. 276—291. N. Jahrb. f. Min. u. s. w. Jahrg. 1863. S. 870.

— — Unio Kirnensis aus dem Steinkohlengebirge an der Nahe. Palaeont. Bd. 11. Lief. 3. S. 166—173.

Mark, W. v. d., Fossile Fische, Krebse und Pflanzen aus dem Plattenkalk der jüngsten Kreide in Westphalen. Palaeont. Bd. 11. Lief. 1. S. 1—10. N. Jahrb. f. Min. u. s. w. Jahrg. 1863. S. 628—631.

— — Versteinerungen der Ochtruper-Schichten (Gault oder jüngeres Neokom). Verh. d. nat. Ver. Jahrg. 20. Corresp. S. 81.

Meyer, H. v., Tertiäre Decapoden u. s. w. aus dem Sphärosiderit des Taunus. Palaeont. Bd. 10. Lief. 3. (1862.) S. 174—178.

— — Helmarchon furcillatus, ein Batrachier aus der Braunkohle von Rott. Ib. Lief. 6. S. 292—298.

Mitscherlich, R., Die vulkanischen Gesteine des Roderberges in chemischer und geognostischer Beziehung. Zeitschr. d. d. geol. Ges. Bd. 175. Daraus im N. Jahrb. für Min. u. s. w. Jahrg. 1864. S. 82 u. 83.

Mohr, Fr., Kalkgehalt der Diorite und Grünsteine (Melaphyr) der Nahegegend. Verh. d. nat. Ver. Jahrg. 20. Corresp. S. 60—66.

Noeggerath, A., Die Grube Stahlberg bei Müsen. Zeitschr. f. d. Berg-. Hütten- und Salinenwesen in d. Preuss. Staaten. Bd. 11. S. 63—94.

Noeggerath, J., Der Bergschlüpf bei Godesberg. Köln. Zeit. 10. Mai 1863. N. Jahrb. f. Min. u. s. w Jahrg. 1863. S. 601—603.

— — Rothgiltigerz von Gonderbach. Verh. d. nat. Ver. Jahrg. 20. Sitz.-Ber. S. 51. N. Jahrb. f. Min. u. s. w. Jahrg. 1863. S. 588.

Rath, G. v., Vom Laacher See. Verh. d. nat. Vor. Jahrg. 21. Sitz.-Ber. S. 87—88. Ann. d. Phys. Poggend. Bd. 119 (195). S. 247—275. N. Jahrb. f. Min. u. s. w. Jahrg. 1863. S. 583—584.

— — Elephas primigenius bei Dormagen. Leucit und Nosenngesteine in den Umgebungen des Laacher See's. Ib. S. 180—182.

— — Glimmer- und Augitkrystalle vom Laacher See. Ib. S. 140—141.

— — Orthit vom Laacher See. Verh. d. nat. Ver. Jahrg. 20. Corresp. S. 70—71.

— — Rothgiltigerz von der Grube Gonderbach. Ib. S. 71—72.

— — Ueber den Melaphyr der Nahegegend. Ib. S. 72.

— — Chemische Zusammensetzung des Orthits (Bucklandits) vom Laacher See. Pogg. Ann. Bd. 119 (195) S. 269. Daraus im N. Jahrb. f. Min. u. s. w. Jahrg. 1863. S. 722—723.

Reiter, Uebersicht der statistischen u. geol. Verhältnisse von Neuwied und Umgebung. Verh. d. nat. Ver. Jahrg. 20. Corresp. S. 43—54.

Römer, Ferd., Asteriden und Crinoiden von Bundenbach im Fürstenthum Birkenfeld. Palaeontogr. Bd. 9. S. 143. Verh. d. nat. Ver. Jahrg. 20. Corresp. S. 108—109.

— — Vorkommen von Goniatiten im productiven Steinkohlengebirge von Echweiler. Verh. d. nat. Ver. Jahrg. 20. S. 128. N. Jahrb. f. Min. u. s. w. Jahrg. 1864. S. 751.

Sandberger, F., Die Conchylien des Mainzer Tertiärbeckens. Wiesbaden 1863. Anzeige im N. Jahrb. f. Min. u. s. w. Jahrg. 1864. S. 636—639.

Schaaffhausen, H., Rhinoceros-Zahn von Bonn; Thierknochen von Engers. Verhandl. d. nat. Vereins. Jahrg. 20. Sitzungsberichte der Niederrhein. Gesellsch. S. 30—33.

— — Das Alter des Menschengeschlechts. Ib. S. 130—133.

— — Fossile Knochen von Wülfrath. Ib. S. 147—149.

Schmid, E., Der Melaphyr von den Monibächler Höfen zwischen Baumholder und Grumbach und der darin eingeschlossene Labrador. Annal. der Phys. Poggend. Bd. 119 (195). S. 138—145.

Schmidt, W., Das Vorkommen von Rothgiltigerz auf der Grube Gonderbach in der Grafschaft Witgenstein. Ib. S. 228—231.

Steeg, Chemische Untersuchungen von Gesteinen aus der Gegend von Trier (Sandsteine aus dem unteren Muschelkalk und aus dem Buntsandsteine, devonische Schiefer, Diorit). Programm der Realschule (1. Ordn.) und der Prov.-Gewerbeschule zu Trier. Trier.

Tasche, H., Braunkohlenlager bei Lang-Göns. Notizbl. d. Ver. f. Erdk. zu Darmstadt u. d. Mittelrh. geol. Ver. No. 16. S. 60 u No. 24. S. 174—175.

Troschel, F. H., Fossiler Schädelkern eines Vierfüsslers aus der Braunkohlenformation von Walberberg, eine fossile Dekapode von Lebach. Verh. d. nat. Ver. Jahrg. 20. Corresp. S. 117—118.

— — Mastodon-Zahn aus der Eisensteingrube Friedhelm bei Alfter. Verh. d. naturh. Ver. Bd. 20. Sitz.-Ber. S. 118. N. Jahrb. f. Min. u. s. w. Jahrg. 1864. S. 751.

Weiss, E., Ueber das Alter eines Theiles des Saarbrücker Pfälzer Kohlen-Gebirges. N. Jahrb. f. Min. u. s. w. v. Leonh. u. Geinitz. Jahrg. 1863. S. 680—695. Mit Nachschrift von Geinitz.

Zirkel, F., Ueber die mikroskopische Structur der Gesteine. Basalt vom Weilberge im Siebengebirge. Ann. d. Phys. Poggend. Bd. 119 (195) S. 288—297.
— — Mikroskopische Gesteinsstudien. Mit 3 Taf. Sitz.-Ber. d. k. Akad. d. Wissensch. zu Wien. Bd. 47. 1. Abth. S. 226--270.

1864.

Andrä, C., Steinkohlenflora. Verh. d. nat. Ver. Jahrg. 21. Corresp. S. 77.
— — Die Gattung Lonchopteris aus dem Steinkohlengebirge. Ib. S. 94.
Anonym. Erläuterung zur Flötzkarte des Saarbrücker Steinkohlen-Distriktes. Gotha. (Ohne Jahreszahl und Autornamen.)
Brandt, O., Profil des Weser- oder Wiebengebirges. Verh. d. nat. Vereins. Jahrg. 21. Corresp. S. 86.
Beyrich, E., Ueber Leaia Leidyi var. Bentschiana. Zeitschr. d. d. geol. Ges. Bd. 16. S. 363 u. 364.
Dechen, H. v., Orograph.-geognostische Uebersicht des Reg.-Bezirks Düsseldorf. Iserlohn (Separatabdruck aus der Statistik des Reg.-Bezirks Düsseldorf von v. Mülmann.)
Diesterweg, C., Strahliger Grüneisenstein vom Hollerter Zuge Siegen. Berg- und Hüttenm. Zeit. Jahrg. 22. S. 257. N. Jahrb. f. Min. u. s. w. Jahrg. 1864. S. 76 u. 77.
Dücker, Fr. Freih. v., Ueber die Melaphyre des Nahethales. Verh. d. nat. Ver. Jahrgang 21. Corresp. S. 47—50.
— — Ochsenschädel aus dem Diluvium bei der Kohlenzeche Hannover. Ib. S. 51.
— — Marine Reste aus der westph. Steinkohlenformation. Ib. S. 51.
Geinitz, H. B., Leaia Bäntschiana. N. Jahrb. f. Min. u. s. w. S. 657—658.
Göppert, H. R., Die fossile Flora der Permischen-Formation. Palaeont. Bd. 12. Mit 64 Tafeln.
Gurlt, A., Ueber die Aehnlichkeit, Rheinischer vulkanischer und nordischer plutonischer Gesteine. Verh. d. nat. Ver. Jahrg. 21. Sitz.-Ber. S. 47 - 49. N. Jahrb. für Min. u. s. w. Jahrg. 1864. S. 715—717.
Heymann, H., Die drei Berge bei Siegburg (Köln. Zeit.) N. Jahrb. f. Min. u. s. w. Jahrg. 1864. S. 720—722.
Hoiningen gen. *Huene, Freih. v.*, Ueber das Vorkommen eines Trachytconglomeratganges in der Blei- und Zinkgrube Altglück bei Bennerscheid. Verh. d. nat. Ver. Jahrg. 21. S. 224—227. N. Jahrb. f. Min. u. s. w. v. Leonh. u. Geinitz. Jahrg. 1865. S. 486 u. 487.
Lasard, Ad., Spatheisenstein von Pr. Oldendorf. Ib. S. 72—73. N. Jahrb. f. Min. u. s. w. Jahrg. 1865. S. 479.
Ludwig, R., Die Sandsteine von Alzey, Weinheim und Flonheim und ihr Verhältniss zur Oligocänformation. Notizbl. d. Vereins f. Erdk. und des mittelrhein. geol. Vereins u. s. w. III. Heft. No. 31. S. 107—109.
— — Braunkohlen in der Litorinellenkalkgruppe der Tertiärformation. Ibid. No. 31. S. 109—110.
— — Die Sande, Thone und Mergel der Oligocänformation in Rheinhessen. Ib. No. 33. S. 121 - 129.
— — Versteinerungen in der oberen Devon- und der unteren Carbonformation der Umgegend von Biedenkopf. Ib. No. 36. S. 181—182.
— — Dithyrocaris aus dem Rhein. Devon-Gebirge. Palaeontogr. Bd. 11. Lief. 6. S. 309—310.

Ludwig, R., Pteropoden aus Devon in Nassau und Hessen, so wie aus dem Tertiärthon des Mainzer Beckens. Ib. S. 311—323.
— — Geologisches aus dem Mainzer Becken. N. Jahrb. f. Min. u. s. w. v. Leonh. und Geinitz. Jahrg. 1864. S. 212—213.
— — Ueber das Mainzer Becken und Perna-Arten. Ib. S. 460—463.
Mark, W. v. d., Krebse und Fische aus den Kreideschichten von Sendenhorst. Verh. d. nat. Ver. Jahrg. 21. Corresp. S. 43—45. N. Jahrb. f. Min. u. s. w. Jahrg. 1864. S. 764.
— — Thoniger Sphärosiderit von Brechte bei Ochtrup. Ib. S. 45—46. Jahrb. f. Min. u. s. w. Jahrg. 1864. S. 480.
Meyer, H. v., Archaeotylus ignotus, möglich ein Fisch aus Rhein. Devoukalk. Palaeont. Bd. 11. Lief. 6. (1864.) S. 285—268.
Noeggerath, J., Die Erdbeben in der vulkanischen Gebirgsgruppe am Laacher See. Westermanns Monatshefte. Bd. 15. S 601—609.
— — Pseudomorphosen von Malachit und Kupferlasur nach Kalkspath. Stadtberge. (Köln. Zeit.) N. Jahrb. f. Min. u. s. w. Jahrg. 1864. S. 79.
Rath, G. v., Skizzen aus dem vulkanischen Gebiete des Niederrheins. Zeitschrift der deutsch. geol. Gesellsch. Bd. 16. S. 73—113. N Jahrb. f. Min. u. s. w. Jahrg 1864. S. 473—476.
Reuss, A. E., Ueber Anthozoen und Bryozoen des Mainzer Tertiärbeckens. mit 3 Tafeln. Sitzungsberichte der math.-naturw. Kl. d. k. k. Akad. d. Wiss. in Wien. Bd. 50. S. 197—210.
— — Zur Fauna des deutschen Ober-Oligocäns. I. Abth. mit 5 Taf. Ib. S. 435—482. II. Abth. mit 10 Taf. Ib. S. 614—691.
Roehl, v., Pflanzenreste der westphäl. Steinkohlenformation. Verh. d. naturh. Vereins Jahrg. 21. Corresp. S. 42.
Römer, F., Neue Asteriden und Crinoiden aus devonischem Dachschiefer von Bundenbach bei Birkenfeld. Palaeont. W. Dunker Bd. 9. Lief. 4. S. 143—152.
Rose, G., Ueber die in den Thonschiefern vorkommenden mit Faserquarz besetzten Eisenkieshexaeder. Zeitschr. d. d. geol. Ges. Bd. 16. S. 595—599. N. Jahrb. f. Min. n. s. w. Jahrg. 1865. S. 285 u. 236.
Schaaffhausen, H., Fossile Knochen aus dem Lennethale. Verh. d. nat. Ver. Jahrg. 21. Sitzungsberichte der niederrhein Gesellsch. S. 30—33. N. Jahrb. f. Min. u. s. w. Jahrg. 1864. S. 763—764.
— — Fossile Mammuthknochen aus dem Bette der Lippe. Ib. S. 91—92. N. Jahrb. f. Min. n. s. w. Jahrg. 1864. S. 764.
Schlüter, Cl. und *W. v. d. Mark*, Erklärung über die Abbildungen und den Text der Westphälischen Krebse. N. Jahrb. f. Min. u. s. w. Jahrg. 1864. S. 55—56.
Schmid, E. E., Beobachtungen über die Trias an der Saar und Mosel (Brief an E. Beyrich). Zeitschr. d. d geol. Ges. Bd. 16. S. 15—20.
Stein, C. A., Vorkommen des Rotheisensteins in Berührung mit Porphyr bei Diez in Nassau. Berg.- u. Hüttenw. in Nassau von Odernheimer. Bd. 1. S. 152., N. Jahrb. f. Min. u. s. w. Jahrg. 1864. S 490—491.
Vogelsang, H., Die Vulkane der Eifel in ihrer Bildungsweise erläutert. Ein Beitrag zur Entwickelungsgeschichte der Vulkane. Preisschr. der holl. Ges. d. Wissensch. zu Haarlem. Haarlem. Anzeige im N. Jahrb. f. Min. u. s. w. v. Leonh. u. Geinitz. Jahrg. 1865. S. 339—342.

und der Weser mit Beiträgen von O. Brandt. Verh. d. nat. Ver. Jahrg. 21. S. 5—33. N. Jahrb. f. Min. u. s. w. Jahrg. 1865. S. 746.

Wagener, R., Petrefacten des Hilssandsteins am Teutoburger Walde. Ib. S. 34—41.

Weiss, E., Ueber Voltzia und andere Pflanzen des Buntsandsteins zwischen der unteren Saar und dem Rhein. Mit 1 Taf. N. Jahrb. f. Min. u. s. w. v. Leonh. u. Geinitz. Jahrg. 1864. S. 278—294.

— — Ueber die geol. Karte des Saarbrücker Kohlengebirges. Ib. S. 655—658. und S. 694.

— — Vorkommen organischer Reste in Saarbrücken. Ib. S. 674 - 675.

— — Leitfische des Rothliegenden in den Lebacher und äquivalenten Schichten des Saarbrückisch-pfälzischen Kohlengebirges. Zeitschr. d. d. geol. Ges. Bd. 16. S. 272—302. N. Jahrb. f. Min. u. s. w. Jahrg. 1865. S. 377 u. 378.

1865.

Andrä, C. J., Vorweltliche Pflanzen aus dem Steinkohlengebirge der preuss. Rheinlande und Westphalens. 2 Hefte (wird fortgesetzt). Bonn. Anzeige im N. Jahrb. f. Min. u. s. w. Jahrg. 1867. S. 249.

— — Ein Riesenwedel von Lonchopteris rugosa. Verh. d. nat. Ver. Jahrg. 22. Sitz.-Ber. der niederrhein. Gesellsch. S. 14.

Burdeleben, H., Ueber den Salzgehalt der Grubenwässer des Steinkohlengebirges. Verh. d. nat. Ver. Jahrg. 22. Corresp. S. 79.

Beissel, Ign., Ueber die Bryozoen der Aachner Kreidebildung. Herausgeg. von der holl. Ges. der Wissensch. zu Haarlem. Haarlem. Anzeige im N. Jahrb. f. Min. u. s. w. Jahrg. 1866. S. 629—630.

Bischof, C., Alkalien in festen und in verschiedenen Stadien der Verwitterung begriffene Basalte. Erdm. u. Werther Journ. f. pr. Chem. Bd. 93. S. 261. N. Jahrb. für Min. u. s. w. Jahrg. 1865. S. 342—343.

Credner, H., Die Brachiopoden der norddeutschen Hilsbildungen. Mit 2 Taf. Zeitschr. d. d. geol. Ges. Bd. 16.

Debey, M. H., Ueber das Alter des Aachener Sandes. Verh. d. nat. Ver. Jahrg. 22 Corresp. S. 56—58. N. Jahrb. f. Min. u. s. w. Jahrg. 1866. S. 749.

— — Zwei neue Pflanzengattungen: Thalassocharis und Moriconia aus der Aachener Kreidebildung. Ib. S. 82.

Dechen, H. v., Physiographische Skizze des Kreises Bonn. (Separatabdruck aus d. statistischen Darstellung des Kreises Bonn für 1862—1864.) Bonn.

— — Vergleichende Uebersicht der vulkanischen Erscheinungen im Laacher See-Gebiete und in der Eifel. Zeitschr. d. d. geol. Ges. Bd. 17. S. 69—156. N. Jahrb. f. Min. u. s. w. Jahrg. 1866. S. 240.

— — Vorkommen mariner und limnischer Schaalthierreste im Steinkohlengebirge. Verh. d. nat. Ver. Jahrg. 22. Corresp. S. 81.

— — Schwarze kohlehaltige Schiefer aus dem Unterdevon von Birresborn. Ibid. S. 141—142.

— — Retinit aus der Braunkohle von Godesberg, und ein auffallendes Quarzgeschiebe aus dem Buntsandstein von Commern. Ib. S. 98—99.

Geinitz, H. B., Ueber einige seltene Versteinerungen aus der unteren Dyas und der Steinkohlenformation. (Leaia Bäntschiana mit Taf. II.) N. Jahrb. f. Min. u. s. w. S. 389.

Geinitz, H. B., Fleck und *Hartig*, Die Steinkohlen Deutschlands u. s. w. 1 u. 2. Bd. Tafeln. München.

Gümbel, C. W., Geognostische Verhältnisse der Pfalz. Bavaria. Bd. 4. Abth. 2. S. 4—61. N. Jahrb. f. Min. u. s. w. Jahrg. 1866. S. 855 u. 857.

Heyden. C. v. und *L. v. Heyden*, Bibioniden aus der Rhein. Braunkohle von Rott. Palaeont. Bd 14. Lief. 1. S. 19—30.

Heymann. H., Ueber die Bildungsweise des thonigen Sphärosiderits im Tertiärgebirge. Verh. des nat. Ver. Jahrg. 22. Sitz.-Ber. S. 91—93.

Hilt, C., Die Eisensteinlagerstätte der Grube Louise bei Horhausen nach ihrem geogn. und mineral. Verhalten und ihrer muthmasslichen Bildung. Zeitschr. f. das Berg-, Hütten- und Salinenwesen in d. Preuss. Staaten. Bd. 13. S. 13—31.

Höchst, J., Das Vorkommen von plastischem Thon im Bergmeisterei-Bezirk Diez. Berg. u. Hüttenw. Nassau. Odernheimer. Bd. 1. S. 463—472. Mit 1 Taf.

Kayser, Beschreibung des Braunsteinvorkommens und Braunsteinbergbaus in der Lahn gegend, im Grubenrevier Obertiefenbach, des Bergmeistereibezirks Weilburg; mit zu sätzlichen Bemerkungen über das, von den Braunkohlen-Ablagerungen unabhängig Vorkommen von sonstigen Bergwerksmineralien in demselben Reviere. Berg- und Hüttenw. Nassau. Odernheimer. Bd. 1. S. 205—239. Mit 3 Tafeln. N. Jahrb. f. Min. u. s. w. Jahrg. 1865. S. 485.

Laspeyres. H., Die hohlen Kalkstein-Geschiebe im Rothliegenden nördlich von Creuznach an der Nahe. Zeitschr. d. d. geol. Ges. Bd. 17. S. 609—637. N. Jahrb f. Min. u. s. w. Jahrg. 1864. S 113 u. 114.

— — Ueber Caesium und Rubidium in plutonischen Silicatgesteinen der preuss. Rheinprovinz. Verh. d. nat. Ver. Jahrg. 22. Sitz.-Ber. S. 35—48. N. Jahrb. f. Min. u. s. w. Jahrg. 1866. S 755 u. 756.

Ludwig. R., Untersuchung von Versteinerungen des Mainzer Beckens. Notizblatt des Ver. f. Erdk. und des mittelrh. geol. Ver. u. s. w. IV. Heft. No. 39. S. 47.

— — Versteinerungen im Stringocephalenkalk bei Waldgirmes. Ib. No. 40. S. 62.

— — Schwefelkies durch faulende Pflanzen (Pyrmonter Mineralquellen). Ibid. No. 42. S. 81—83.

— — Stringocephalenkalk und Kramenzelschiefer der devonischen Formation zwischen Langgöns. Butzbach und Holzheim. Ib. No. 42. S. 95 - 96.

— — Neue Versteinerungen aus dem Mainzer Tertiärbecken. N. Jahrb. f. Min. u. s. w. Jahrg. 1865. S. 51—55.

— — Meeres-Conchylien aus der productiven Steinkohlen-Formation. Ib. S. 728—729.

— — Corallen aus paläolithischen Formationen. Palaeont. Bd. 14. Lief. 4. S. 133—172. Lief. 5. S. 173—212. Lief. 6. S. 213—241.

Mark. W. v. d., Krebse und Fische aus den Kreideschichten von Sendenhorst. Verh. d. nat. Ver. Jahrg. 22. Corresp. S. 68.

Meyer, H. v., Die Fischreste im tertiären Meeresthon bei Nierstein. Notizblatt d. Ver. f. Erdk. zu Darmstadt u. d. Mittelrh. geol. Ver. No. 41. S. 80.

— — Der von Lebach als Propater astacorum beschriebene Rest ist ein Bruchstück von Archegosaurus Dechenii. N. Jahrb. f. Min. u. s. w. Jahrg. 1865. S. 57—62.

— — Fossiles Gehirn von einem Säugethier aus der niederrheinischen Braunkohle. Palaeont. Bd. 14. Lief. 2. S. 37—39. N. Jahrb. f. Min. u. s. w. Jahrg. 1866. S. 117—118.

— — Zu Chelydra Dechenii aus der Braunkohle des Siebengebirges. Palaeont. Bd. 15. Lief. 1. S. 41—48.

Mitscherlich, E., Ueber die vulkanischen Erscheinungen in der Eifel und über die Metamorphie der Gesteine durch erhöhte Temperatur. Herausgeg. von J. Roth. Mit Karten und Plänen. (Abhandl. d. Akad d. Wissensch. zu Berlin.) S. 1—68.

Mosler, Chr., Das Bleierz- und Blendebergwerk Altglück. Zeitschr. f. d. Berg-, Hütten- und Salinenwesen in d. preuss. Staaten. Bd. 13. S. 229—269.

Nöggerath. J., Wanderungen in den vulkanischen Gebirgsgruppen der Rheinprovinz. W. v. Horn, Die Maja. Ein Volksblatt. Wiesbaden. Achter Jahrg. S. 509—518 und S. 565—581. Neunter Jahrg. 1866. S. 440—448 u. S. 474—480.

— — Ueber Sintermassen aus dem Kochbrunnen zu Burtscheid. Verhandlungen d. nat. Ver. Jahrg. 22. Corresp. S. 66.

Odernheimer. F., Geognostische Verhältnisse des Herz. Nassau. Das Berg- und Hüttenwesen im Herzogth. Nassau, herausgegeben von Oderuheimer. Wiesbaden. Bd. 1. S. 84. 87.

— — Allgemeine Uebersicht über das Vorkommen der nutzbaren Lagerstätten im Herzogth. Nassau. Ib. S. 87—103.

Rönne, O. v., Saarbrücken und Rheinpfalz. In: Geinitz, Fleck uud Hartig. Die Steinkohlen Deutschlands u. anderer Länder Europas.

Sandberger, F., Olivinfels bei Tringenstein in Nassau. N. Jahrb. f. Min. u. s. w. Jahrg. 1865. S. 449 450.

Schaaffhausen. H., Verwitterte Feuersteine aus Spalten des Devonkalksteins bei Dornap. Verh. d. nat. Ver. Jahrg. 22. S. 61—62.

— — Mittheilung über die Schrift: »Der fossile Mensch aus dem Neanderthale und sein Verhältniss zum Alter des Menschengeschlechts, von Prof. C. Fuhlrott.« Ibid. S. 75—77.

Schlüter, Cl., Erläuterung der von ihm ausgeführten geognostischen Karte der Kreidebildungen zwischen Rhein und Weser. Ib. Sitz.-Ber. S. 125—126.

Schülke, Verzeichniss der Versteinerungen aus dem Lias von Bonenburg. Verh. d. nat. Ver. Jahrg. 22. S. 27—30.

Stein. C. A., Vorkommen des Rotheisensteins in Berührung mit Porphyr im Bergmeistereibezirk Diez. Berg- und Hüttenw. Nassau. Obernheimer. Bd. 1. S. 152—159. Mit 1 Tafel.

— — Eisenstein-Vorkommen und Eisensteinbergbau in dem Bergmeisterei-Revier Diez. Ib. S. 240—278. Mit 1 Taf.

Vohl, H., Zusammensetzung eines Spatheisensteins von Linz am Rhein. Dingler Polyt. Journ. Bd. 172. S. 154 . N. Jahrb. f. Min. u. s. w. Jahrg. 1865. S. 328.

Wagner, C., Ueber die Umgegend von Bingen. Verh. d. nat. Ver. Jahrg. 22. Corresp. S 81—84.

Weinkauff, C. H., Beitrag zur Kenntniss der Tertiärbildungen in der Bayerischen Pfalz und den angrenzenden Preuss. und Bayer. Bezirken. N. Jahrb. f. Min. u. s. w. v. Leonh. u. Geinitz. Jahrg. 1865. S. 171—211.

Weiss, E., Ueber die Stellung der Saarbrückisch.-Pfälz. Schichten zur Steinkohlen-Formation und dem unteren Rothliegenden. Ib. S. 838—843.

Wenckenbach, F., Beschreibung der im Herz. Nassau an der unteren Lahn und dem Rhein aufsetzenden Erzgänge. Ib. S. 104—151. Mit 3 Tafeln.

Wolf, Th., Vulkanische Bomben von Schweppenhausen und vom Laacher See. Verh. d. nat. Ver. Jahrg. 22. Sitz.-Ber. S. 65—66.

Württenberger, G., Der Culm oder die untere Steinkohlenformation vom Kellerwalde in Kurhessen. Mit 1 Taf. N. Jahrb. f. Min. u. s. w. Jahrg. 1865. S. 530—575.

1866.

Andrä, C., Rhabdocarpus aus der Kohlengrube Marie bei Höngen. Ib. Jahrg. 23. Corresp. S. 59—60.

Arlt, Terebratula vulgaris im Muschelkalk von Bischmisheim bei Saarbrücken (Brief an E. Beyrich). Zeitschr. d. d. geol. Ges. Bd. 18. S. 400—402.

Bölsche. W., Die Korallen des norddeutschen Jura- und Kreidegebirges. Mit 3 Tafeln. Zeitschr. d. d. geol. Ges. Bd. 18. S. 439 ff.

Dechen, H. v., Ograph.-geognostische Uebersicht des Reg.-Bezirks Aachen. Aachen. (Separatabdruck aus der Statistik des Reg.-Bezirks Aachen.) N. Jahrb. f. Min. u. s. w. Jahrg. 1866. S. 748 u. 749.

— — Notiz über die geologische Uebersichtskarte der Rheinprovinz und der Provinz Westphalen. Verh d. nat. Ver. Jahrg. 23. S. 171—218. Auch besonders mit der Karte. N. Jahrb. f. Min. u. s. w. Jahrg. 1867. S. 222—225.

Diesterweg, C., Beschreibung der Bleierzlagerstätten, des Bergbaues und der Aufbereitung am Bleiberge bei Commern. Zeitschr. f. d. Berg-, Hütten- und Salinenwesen in d. Preuss. Staaten. Bd. 14. S. 159—197.

Dohrn, A., Eugereon Boeckingi, eine neue Insektenform aus dem Todtliegenden. Palaeont. W. Dunker. Bd. 13. Lief. 6. (1866). S. 338—340. Daraus im N. Jahrb. für Min. u. s w. Jahrg. 1866. S. 868.

Dressel, L, Die Basaltbildungen in ihren einzelnen Umständen erläutert. Preissch. d. holl. Ges. der Wissensch. zu Haarlem. Haarlem. Mit 4 Tafeln. (Naturk. Verh. Bd. 24.) Viele Beispiele von Rhein. Basalt. Anzeige im N. Jahrb. für Min. u. s. w. Jahrg. 1867. S. 726—729.

Ewald, J., Ueber die untersten Senonbildungen des nordwestlichen Deutschlands. (Nur Titel.) Bericht über die Verh. d. Akad. d. Wiss. zu Berlin. Jahrg. 1866. S. 299.

— — Ueber die belgische Tourtia und ihr Verhalten zu verwandten Kreidebildungen Norddeutschlands. (Nur Titel.) Bericht über d. Verh. d. Akad. d. Wiss. zu Berlin. Jahrg. 1866. S 527.

Fresenius. R., Chem. Untersuchung der wichtigsten Mineralwässer Nassaus, 8te u. 9te Abth. Jahrb. d. Nass. Ver. f. Nat. H. 19 u. 20. S. 453—510. N. Jahrb. f. Min. u. s. w. Jahrg. 1868. S. 629 u. 630.

— — Die Analyse der Driburger Hauptquelle, der Hersterquelle und des Badeschlammes. Nebst einem Vorwort und balneol. Briefen von A. T. Brück. Osnabrück.

Grandjean, M. C., Mineralogische Notizen und Pseudomorphosen. Jahrb. d. Nass. Ver. f. Nat. H. 19 u. 20. S. 89—93.

Grooss, A., Aus den Sectionen Bingen und Mainz. Notizblatt d. Ver. f. Erdk. u. des mittelrh. geol. Ver. V. No. 53. S. 125—128.

Herget, E., Die Thermalquellen zu Bad Ems. Jahrb. d. Nassauischen Ver. f. Naturkunde. H. 19 u. 20. S. 1—39. N. Jahrb. f. Min. u. s. w. Jahrg. 1868. S. 629.

Heyden, C. v. und *L. v. Heyden*, Käfer und Polypen aus der Braunkohle des Siebengebirges. Palaeont. Bd. 15. Lief. 3. S. 131—157.

— — Dipteren-Larven aus dem Tertiärthon von Nieder-Flörsheim in Rheinhessen. Ib. S. 152—158.

Heymann, H., Drusen aus dem Basalt und Anamesit vom Meisten oder Höhnchen bei Honnef; Rubellan im Trachyt vom Breiberg im Siebengebirge; Quarzkrystalle auf Klüften in Flötzleeren bei Duisburg. Verh. d. nat. Ver. Jahrg. 23. Sitzungsberichte der Niederrh. Ges. S. 9—10.

Heymann, H., Zersetzung und Porosität der Gesteine. Ib. S. 39.
Juckes-Beete, J., Vergleich zwischen den Gesteinen von S.-W.-Irland und N.-Devonshire mit denen der Rheinprovinz. Dublin 1865. (Anzeige.) N. Jahrb. f. Min. u. s. w. Jahrg. 1866. S. 238—239.
Koch, C., Die Lagerung der Devonschichten. Jahrg. d. Nass. Ver. f. Nat. H. 19 u. 20. S. 518—519.
— — Ueber Wissenbacher Schiefer. Ib. S. 520—522.
Koenen, A. v., Ueber das Alter der Tertiärschichten bei Bünde in Westphalen. Zeitschr. d. d. geol. Ges. Bd. 18. S. 287—2.)1.
— — Ober- und Unter-Oligocän bei Bünde. Verh. d. nat. Ver. Jahrg. 23. Corresp. S. 58—59.
Krantz, A., Bildung von Eisenerzen bei Dernbach unweit Montabaur. Ib. Sitz.-Ber. S. 25—26.
Laspeyres, H., Ueber das Vorkommen des Caesiums und Rubidiums in einem plutonischen Silikatgesteine der Rheinprovinz. Ib. S. 155—170.
— — Beiträge zur Kenntniss der vulkanischen Gesteine des Niederrheins. Zeitschr. d. d. geol. Ges. Bd. 18. S. 311—363.
Ludwig, R., Corallen aus paläolithischen Formationen. Palaeontogr. Bd. 14. Lief. 4. (1865.) S. 133—172; Lief. 5. (1866.) S. 173—212; Lief. 6. (1866.) S. 213—244.
— — Haifischreste im Meeresthon von Nierstein. Notizbl. d. Ver. f. Erdk. und des mittelrh. geol. Ver. n. s. w. V. Heft. No. 49. S. 11.
— — Pinna rugosa u. Acerotherium incisivum in den tertiären Kalklagern von Weinnau. Ib. No. 49. S. 11—12. Daraus im N. Jahrbuch. für Min. u. s. w. Jahrgang 1866. S. 499.
— — Foraminiferen in dem marinen Tertiärthone von Offenbach, Creuznach, Eckardroth und Alsfeld. Ib. No. 53. S. 79—80.
— — Geol. Specialkarte des Grossh. Hessen. Section Alzey. Darmstadt. (65 S. u. eine Uebersichtskarte.)
— — Die Mainzer und Hessische Tertiärformation u. N. Jahrb. f. Min. u s. w. v. Leonh. u. Geinitz. Jahrg. 1866. S. 59—70.
Mark, W. v. d., Produkte menschlichen Kunstfleisses aus westphälischen Höhlen; Cyrena fluminalis und Cardium edule im Diluvium bei Hamm. Verh. d. nat. Vereins. Jahrg. 23. Corresp. S. 66—67.
Mohr, Fr., Mechanische Analyse des rhein. Bimssteins. Ib. Sitz.-Ber. S. 64—65.
— — Neue Thonbildung bei Bonn; Melaphyr von Norheim bei Creuznach. Ib. S. 82—84.
— — Die vulkanischen Erscheinungen in der Eifel und über die Metamorphie der Gesteine durch erhöhete Temperatur von E. Mitscherlich. N. Jahrb. f. Min. u. s. w. Jahrg. 1867. S. 423—435. Dazu Bemerkung von J. Roth. S. 708.
Rath, G. v., Mineralogische Mittheilungen. Ueber die vulkanischen Eisenglanzkrystalle vom Eiterkopf bei Plaidt und die auf demselben aufgewachsenen Augitkrystalle. Ann. d. Phys. Pogg. Bd. 128 (204). S. 420—435.
— — Ueber ein Vorkommen von Augit als Fumarolenbildung. Bericht über d. Verh. d. Akad. d. Wiss. zu Berlin. Jahrg. 1866. S. 281—283. N. Jahrb. f. Min. u. s. w. Jahrg. 1866. S. 625 u. 626.
— — Augitkrystalle von Eiterkopf bei Ochtendung durch Sublimation entstanden. Verh. d. nat. Ver. Jahrg. 23. Sitz.-Ber. S. 40.
— — Neues Leucitvorkommen im rhein. Vulkangebiete. (Selberg bei Quiddelbach.) Ib. Corresp. S. 46.

Rolle, F., Uebersicht der geognostischen Verhältnisse von Homburg vor der Höhe. Homburg v. d. Höhe.

Schaaffhausen, H., Ueber zahlreiche fossile Knochen und Zähne aus dem Lehmlager einer Grotte im Neanderthale. Verh. d. nat. Ver. Jahrg. 23. Sitz.-Ber. S. 14—16.

— — Ueber fossile Säugethierknochen aus Westphalen und über den Menschen der Vorzeit. Ib. Corresp. S. 46—58.

Schlönbach, U., Ueber die Brachiopoden aus dem unteren Gault (Aptien) von Ahaus in Westphalen. Zeitschr. d. d. geol. Ges. Bd. 18. S. 364—376. Daraus im N. Jahrb. f. Min. u. s. w. Jahrg. 1866. S. 863 u. 864.

— — Kritische Studien über Kreidebrachiopoden. Palaeontogr. Bd. 13. Liefer. VI. S. 267—332.

Schlüter, Cl., Verbreitung der Gattung Protopteris. Verhandl. d. nat. Ver. Jahrg. 23. Sitz.-Ber. S. 68.

— — Die Schichten des Teutoburger Waldes bei Altenheken. Zeitschr. d. d. geol. Ges. Bd. 18. S. 35—76.

Schultze, L., Monographie der Echinodermen des Eifeler Kalkes. Denkschr. d. math.-naturw. Klasse d. k. Akad. d. Wissensch. Bd. 26. Mit 13 Tafeln. Wien.

Selbach, K., Geologische Beschaffenheit des Westerwaldes. Jahrb. des Nass. Ver. für Nat. H. 19 u. 20. S. 522—523.

Stein, C. A., Ueber das Vorkommen von phosphorsaurem Kalk in der Lahn- und Dillgegend. Ib. S. 41—86. N. Jahrb. f. Min. u. s. w. Jahrg. 1866. S. 716 u. 717.

— — Ueber den Phosphorit in Nassau. N. Jahrb. für Min. u. s. w. Jahrgang 1866.

Weiss, E., Beiträge zur Kenntniss der Feldspathbildung und Anwendung auf die Entstehung von Quarztrachyt und Quarzporphyr. Preisschr. der Holl. Ges. d. Wissensch. zu Haarlem. Haarlem. Mit 2 Tafeln. (Naturkundige Verhandlungen. Bd. 25.) (Siebengebirge, Löwenburg, Laacher See, Kl. Rosenau, Rieden, Ollbrück, Wehr, Hohenfels, Rockeskill, Mayen, Niedermendig, Bertrich, Herchenberg, Leilenkopf, Gerolstein, Königsberg bei Wolfstein.)

— — Die organischen Reste des Unter-Rothliegenden bei Saarbrücken und in der Pfalz. (Zwei Briefe an E. Beyrich.) Zeitschr. d. d. geol. Ges. Bd. 18. S. 402—408.

Wohlwerth, M., Description de la carte des couches du district houiller de Sarrebrück. — Bulletin de la société de l'industrie minérale. Tome XII. (1866—1867). p. 5 ff.

1867.

Andrä, C., Steinkohlenpflanzen vom Piesberge bei Osnabrück. Verh. d. nat. Vereins. Jahrg. 24. Sitz.-Ber. S. 80—81.

Bluhme, R., Braunbleierzkrystalle von der Grube Friedrichssegen bei Oberlahnstein. Ib. Corresp. S. 104. Daraus im N. Jahrb. f. Min. u. s. w. Jahrg. 1868. S. 848 u. 849.

Dechen, H. v., Die Steinkohlen Deutschlands u. a. Länder. Bericht über das Werk gleichen Titels von Geinitz, Fleck und Hartig, Glückauf, berg- und hüttenmännische Zeitung für d. Niederrhein u. Westphalen. No. 29—41.

Dohrn, A., Zur Kenntniss der Insekten in den Primärformationen. Palaeontogr. Bd. 16. Lief. 3. S. 129—134. Mit Taf.

Geinitz, H. B. und *Weiss*, Ueber eine neue Anthracosia in der Saarbrücker Steinkohlenformation. N. Jahrb. f. Min. u. s. w. Jahrg. 1867. S. 681—684.

Grooss, A., Geol. Specialkarte d. Grossh. Hessen. Section Mainz. Darmstadt. (79 S.) Die übrigen Sectionen dieser Karte sind hier nicht aufgeführt, weil sie Gegenden betreffen die ausserhalb dem Bereiche dieser Arbeit liegen.

Grüneberg, Ueber Phosphorite aus Nassau. Verh. d. nat. Ver. Jahrg. 24. Sitzungsber. S. 44—45.

Hibeck, A., Geognostische Darstellung des Eisenstein-Vorkommens in der älteren Kreideformation von Ahaus. Zeitschr. f. das Berg- Hütten- und Salinenwesen in d. Preuss. Staate. Bd. 15. B. S. 108—127.

Heymann, H., Fossile Pflanzen des niederrheinischen Tertiärgebirges. Verh. d. nat. Ver. Jahrg. 24. Sitz.-Ber. S. 59—62.

Jung, W., Geognostische und bergmännische Beschreibung des Blei-, Zink- und Eisenerz-Bergwerks Breinigerberg in den Rheinlanden. Der Berggeist, Zeitung für Berg-, Hüttenwesen und Industrie. Jahrg. 11. No. 100. S. 427 — No. 104. S. 446. Jahrg. 12. No. 3. S. 13 — No. 14. S. 60.

Kauth, Fr., Beschreibung der in den Aemtern Dillenburg und Herborn aufsetzenden Erzgänge, des darauf geführten Betriebes u. s. w. Berg- und Hüttenwesen im Herz. Nassau. Odernheimer. Schlussheft. S. 109—167.

Kner, R., Ueber Orthacanthus Dechenii Goldf. oder Xenacanthus D. Beyr. Sitz.-Ber. d. k. k. Akad. d. Wissensch. Bd. 55. S. 540 - 582 u. 10 Taf. N. Jahrb. f. Min. u. s. w. Jahrg. 1868. S. 505.

Krantz, A., Verzeichniss der Insekten und einiger anderen Thierreste aus dem Braunkohlengebirge von Rott im Siebengebirge. Verhandl. d. nat. Vereins. Jahrgang 24. S. 313—316.

Losard, Ad., Ueber ein Vorkommen von Eisenspath im braunen Jura von *Dörrel*. Zeitschr. d. d. geolog. Gesellsch. Bd. 19. S. 15 u. 16. N. Jahrb. f. Min. u. s. w. Jahrg. 1868. S. 848

Laspeyres, H., De partis cuiusdam saxorum eruptivorum in monte palatino, quibus adhuc nomen »Melaphyri« erat, constitutione chemica et mineralogica. Berolini.
— — Creuznach und Dürkheim an der Hardt Erster Theil. Zeitschr. d. d. geol. Ges. Bd. 19. S. 803—922. Mit 1 Tafel Profilen. (Bezugnahme auf die geognost. Uebersichtskarte des kohleführenden Saar-Rhein-Gebietes von E. Weiss und dem Verf.)
— — Bemerkung zu Herrn Mohr's Mittheilung über den Melaphyr von Norheim. Verh. d. nat. Ver. Jahrg. 24. Corresp. S. 43—44.

Lossen, C., Geognost. Beschreibung der linksrheinischen Fortsetzung des Taunus in der östlichen Hälfte des Kreises Creuznach nebst einleitenden Bemerkungen über das »Taunusgebirge« als geognostisches Ganzes. Zeitschr. d. d. geol. Ges. Bd. 19. S. 509—700. Mit 1 Karte und 1 Taf. Daraus im N. Jahrb. f. Min. u. s. w. Jahrg. 1868. S. 90—93.

Ludwig, R., Meeresthon-Schichten auf der projectirten Eisenbahnlinie Bodenheim-Albig-Bingen in Rheinhessen. Notizblatt d. Ver. f. Erdk. und des mittelrh. geol. Vereins u. s. w. VI. Heft. No. 67. S. 106—107.
— — Geologische Skizze des Grossherz. Hessen. mit der Geologischen Uebersichtskarte des Grossherz. Hessen. Maassstab 1 : 250,000. Darmstadt.

Ludwig, W., Der rheinische Dachschieferbergbau. Berg- und Hüttenwesen im Herz. Nassau. Odernheimer. Schlussheft. S. 128—181.

Mark, W. v. d., Untersuchung chlorbaryumhaltiger Grubenwasser der. Zeche Johann bei Steele. Verb. d. nat. Ver. Jahrg. 24. Corresp. S. 86.
— — Diorit von Bontkirchen. Ib. S. 87.

Meyer, H. v., Amphycion? mit krankem Kiefer aus dem Tertiärkalk von Flörsheim. Palaeont. Bd. 15. Lief. 5. S. 253—260.

Mohr, Fr., Ueber die Verwitterbarkeit natürlicher Silikate, Antwort auf die Bemerkung von H. Laspeyres. Verh. d. nat. Ver. Jahrg. 24. Corresp. S. 113.

Petersen, Th., Ueber den Phosphorit von Diez in Nassau. 7. Bericht d. Offenbach. Ver. f. Naturk. S. 7. N. Jahrb. f. Min. u. s. w. Jahrg. 1867. S. 101—102.

Sandberger, F., Staffelit und Osteolith. N. Jahrbücher f. Min. n. s. w. Jahrgang 1867. S. 883.

Schlüter, Fossiler Fisch aus der Kreide der Baumberge; Brachyuren aus Gault, Turon und Senon. Verh. d. nat. Ver. Jahrg. 24. Sitzungsberichte der niederrh. Gesellsch. S. 20—21.

Schülke, Verzeichniss der Versteinerungen aus der Umgegend Brilons. Verh. d. nat. Ver. Jahrg. 24. S. 140—146. N. Jahrb. f. Min. u. s. w. Jahrg. 1869. S. 636.

Selbach, K., Geologische und bergmännische Beschreibung des hohen und östlichen Westerwaldes. Das Berg- u. Hüttenwesen im Herz. Nassau. F. Odernheimer. Schlussheft. S. 1—108.

Sparre, J. v., Ueber das Vorhalten der nördlichsten durch den Bergbau untersuchten Partie des rhein.-westphäl. Steinkohlengebirges mit einer Bemerkung von H. v. Dechen. Verh. d. nat. Ver. Jahrg. 24. Corresp. S. 56—58.

Speyer, O., Die oberoligocänen Tertiär-Gebilde und deren Fauna im Fürstenth. Lippe-Detmold. Cassel 1866. Palaeont. Bd. 16. Lief. 1. S. 1—12. N. Jahrb. f. Min. u. s. w. Jahrg. 1867. S. 508—509.

Stein, C. A., Phosphorit-Pseudomorphosen nach Kalkspath. N. Jahrb. für Min. u. s. w. Jahrg. 1867. S. 701.

Vogelsang, H., Philosophie der Geologie und mikroskopische Gesteinsstudien. Bonn. (Material aus Rheinland.)

Weiss, Ch. E., Ueber ein angebliches Vorkommen von Ullmannia-Sandstein in Rheinhessen. 8. Bericht d. Offenbacher Vereins für Naturk. S. 88—92.

Wolf, Th., Granat auf Lavaschlacken des Herchenberges. Verh. d. nat. Ver. Jahrg. 24. Sitz.-Ber. S. 31—33. N. Jahrb. f. Min. u. s. w. Jahrg. 1868. S. 605 u. 606.

— — Die Auswürflinge des Laacher See's. Erster Theil. Zeitschr. d. d. geol. Ges. Bd. 19. S. 451—492. N. Jahrb. f. Min. u. s. w. Jahrg. 1867. S. 864—866.

Zirkel, F., Dünnschliffe echter Basalte vom Rhein, aus der Eifel u. s. w. N. Jahrb. f. Min. u. s. w. Jahrg. 1867. S. 81—82.

1868.

Dechen, H. v., Ueber die geognostischen Verhältnisse des Siebengebirges. Vortrag. Verh. der XIX. Versamml. süddeutscher Forstwirthe zu Neuwied. Neuwied. S. 63—67.

— — Mittheilung über einen erratischen Granitblock, das sog. Holtwicker Ei in Westphalen. Verh. d. nat. Ver. Jahrg. 25. Sitz.-Ber. S. 80.

Dohrn, A., Julus Brassi, eine Myriapode aus der Steinkohlenformation. Verh. d. nat. Ver. Jahrg. 25. S. 395—396. Mit 1 Taf. und Bemerkung von Weiss.

Dronke, A., Ueber Gypskrystalle aus Thonaufschüttungen zu Ehrenbreitstein. Verh. d. naturh. Ver. Jahrg. 25. Sitz-Ber. S. 25.

Ettinghausen, A., Freih. v., Die fossile Flora der älteren Braunkohlenformation der Wetterau. Mit 5 Tafeln. Sitzungsberichte d. math.-naturw. Klasse d. kais. Akad. d. Wissensch. Bd. 57. Abth. I. S. 807—893.

Fresenius, R., Analyse der Augusta-Quelle in Bad Ems. Jahrb. d. Nassau. Vereins. f. Naturk. Jahrg. 21 u. 22. S. 399—415.

Fuhlrott, C., Ueber die Kalksteinschichten im Neanderthale, worin 1856 Homo Neander-

thalensis gefunden wurde. Verhandl. d. naturh. Ver. Jahrg. 25. Correspondenz-Blatt.
S. 62—70.

Gerlach, G., Ueber Kalksteinnöhlen bei Attendorn in Westphalen. Verh. d. nat. Ver.
Jahrg. 25. Corresp.-Bl. S. 82—83.

Grandjean, M. C., Das unterirdische Eisfeld an der Dornburg. Westermanns Monatshefte. Bd. 28. S. 401—403.

— — Beitrag zur Kenntniss der Bildung fossiler Kohlenablagerungen. (Verkieselter Baumstamm bei Lautzenbrücken.) Jahrb. d. Nassau. Ver. f. Naturk. Jahrg. 21. u. 22.
S. 381—389.

Heymann, H., Ueber Pyromorphit mit Umhüllungspseudomorphosen von Brauneisenstein nach Weissbleiers von Friedrichssegen bei Braubach. Verhandl. d. nat. Vereins. Jahrg. 25. Sitz.-Ber. S. 79—80.

Kosmann, B., Der Apatit von Offenheim und der Kalkwawellit von Dehrn u. Ahlbach. Jahrb. d. Nassau. Ver. f. Naturk. Jahrg. 21 u. 22. S. 417—432.

— — Geognostische Beschreibung des Spiemont bei St. Wendel. 2 Taf. Verhandl. d.
nat. Ver. Jahrg. 25. S. 239—298. 2 Taf. Daraus im N. Johrb. f. Min. u. s. w. Jahrg.
1869. S. 374—296.

— — Ueber das Vorkommen und die Ausbildung des Phosphorits. Verh. d. nat. Ver.
Jahrg. 25. Corresp.-Blatt. S. 73—79.

Kner, R., Ueber Couchopoma gadiforme und Acanthodes aus dem Rothliegenden von Lebach. Sitzungsber. d. k. Ak. d. Wiss. zu Wien. Bd. 57. Mit 7 Tafeln.

Lange, G., Die Halbedelsteine aus der Familie des Quarzes und die Geschichte der Achat-Industrie. Creuznach.

Lasard, A., Ueber ein Vorkommen von Eisenspath im braunen Jura am Dörrel. Zeitschr. d. d. geol. Gesellsch. Bd. 19. S. 15. N. Jahrb. f. Min. u. s. w. Jahrg. 1869.
S. 848.

Laspeyres, H., Creuznach und Dürkheim an d. Hardt. Zweiter Theil. Zeitschr. d. d.
geol. Ges. Bd. 20. S. 153—204. N. Jahrb. f. Min. u. s. w. Jahrg. 1868. S. 625—629.

Laspeyres, H. und *E. Weiss*, Uebersichtskarte des Kohle führenden Saar-Rhein-Gebietes. Verh. d. naturh. Ver. Jahrg. 25. Sitz.-Ber. S. 54—55. N. Jahrb. f. Min. u. s. w.
Jahrg. 1868. S. 326—329.

Laubmann, H., Dürkheim mit seiner Umgebung. Pollichia. Jahresbericht S. 72 ff. Mit Bodenkarte der Umgebung von Dürkheim im Maasst. 1 : 100,000.

Mark, W. v. d. und *Cl. Schlüter*, Neue Fische und Krebse aus der Westphäl. Kreide.
Palaeontogr. Bd. 15. Lief. 6. S. 269—304.

Marquart, Cl., Ueber Gabbro von Burgsteinfurth. Verh. d. naturhist. Ver. Jahrg. 25
Sitz.-Ber. S. 50.

— — Ueber einen Eifeler Lavablock bei Bonn. Ib. Corresp.-Blatt. S. 62.

— — Ueber chem. Untersuchungen des Rheinwassers und verschiedener Brunnen bei Bonn. Ib. S. 56—57.

Mohr, Fr., Ueber Aragonit ähnliche Phosphoritmassen aus Nassau. Verh. d. naturhist. Ver. Jahrg. 25. Sitz.-Ber. S. 25.

— — Ueber die sedimentäre Bildung der Porphyre von Creuznach. Verh. d. naturh.
Ver. Jahrg. 25. Sitz.-Ber. S. 64—65.

Noeggerath, J., Die Basalte. Westermann's Monatshefte Bd. 23. S. 592—614.

— — Tacitus und die erloschenen rheinischen Vulkane. Das Ausland, 41. Bd. No. 32.
Augsburg. S. 754—760. N. Jahrb. f. Min. u. s. w. Jahrg. 1869. S. 875—876.

Noeggerath, J. (Anonym), Die Achat-Industrie. Das Ausland. 40ster Bd. Augsburg. S. 464—467.

Overzier, L., Die topographisch-geognostischen Verhältnisse der Strecke Bonn bis Brühl. Inaug.-Dissert. Bonn.

Rath, G. vom, Miner. Mittheilungen. Ueber den Tridymit, eine neue krystallisirte Modification der Kieselsäure. Drachenfels. Annal. der Phys. Poggend. Bd. 135 (211). S. 437—454.

— — Miner. Mittheil. Laacher Sanidin; Kalkspath eines Melaphyr der Nahe; Olivin von Laach. Ib. S. 561—583. N. Jahrb. f. Min. u. s. w. Jahrg. 1869. S. 367 u. 368. 372.

— — Ueber rothen Olivin von Laach und Kalkspathkrystalle aus Melaphyrdrusen von Jerott. Verh. d. nat. Ver. Jahrg. 25. Sitz.-Ber. S. 11.

— — Chemische und krystallographische Untersuchung der Laacher Sanidine. Erste Nachricht über Tridymit. Verh. d. naturh. Ver. Jahrg. 25. Sitz.-Ber. S. 52 u. 53.

Rühl. v., Fossile Flora der Steinkohlenformation Westphalens einschliessl. Piesberg bei Osnabrück. Palaeontogr. Bd. 18. Lief. 2 u. 3. S. 33—96. 10 Taf. und Lief. 6. S. 161—192. 6 Taf. (1868). N. Jahrb. f. Min. u. s. w. Jahrg. 1869. S. 507—511.

Sandberger, F., Tridymit neben Quarz in Höhlungen des Trachyts vom Drachenfels, Siebengebirge. N. Jahrb. f. Min. u. s. w. Jahrg. 1868. S. 723—724.

Scharff, F., Ueber den Sericit. N. Jahrb. f. Min. u. s. w. v. Leonh. u. Geinitz. Jahrg. 1868. S. 309—318.

Schlüter, Cl., Ueber die jüngsten Schichten der unteren Senonbildungen und deren Verbreitung und Becksia Sockelandi. Verh. d. naturhist. Ver. Jahrg. 25. Sitzungsber. S. 92 u. 93.

Stein, C. A., Ueber das Vorkommen von phosphorsaurem Kalk in der Lahn- und Dillgegend. Beilage zu Bd. 16. d. Zeitschr. f. d. Berg-, Hütten- u. Salinenwesen in d. Preuss. Staate. 3. Taf. Berlin. N. Jahrb. f. Min. u. s. w. v. Leonh. u. Geinitz. Jahrg. 1869. S. 489—491.

— — Bemerkungen zu B. Kosmann's Aufsatz über den Apatit von Offenheim u. s. w. Jahrb. d. Nassau. Ver. f. Naturk. Jahrg. 21 u. 22. S. 469—475.

Velten, W., Mittheilungen über den Vulkan bei Bertenau an dem Wiedbache. 1 Taf. Verh. d. nat. Ver. Jahrg. 25. S. 222—231. Bemerkungen zu dem vorstehenden Aufsatze über den Vulkan bei Bertenau von H. v. Dechen und E. Weiss. Ib. S. 232—238.

Weiss, Ch. E., Begründung von 5 geognostischen Abtheilungen in den Steinkohle führenden Schichten des Saar-Rheingebirges. Verh. d. nat. Ver. Jahrg. 25. S. 63—134. N. Jahrb. f. Min. u. s. w. v. Leonh. u. Geinitz. Jahrg. 1869. S. 598—600.

— — Stylolithenbildung in gegenwärtiger Zeit bei Saarbrücken. N. Jahrb. für Min. u. s. w. Jahrg. 1868. S. 728—729.

— — Ueber drei Sectionen einer von ihm aufgenommenen geognost. Karte der Gegend von Saarbrücken. Verh. d. naturb. Ver. Jahrg. 25. Sitz.-Ber. S. 101—104.

Winnecke, A., Fortdauernder Absatz von Kalksinter im Brohlthale. Verh. d. naturh. Ver. Jahrg. 25. Sitz.-Ber. S. 13.

Winzingerode, v. (Anonym). Bemerkungen zur Benutzung bei der Wanderung durch das Siebengebirge. Cöln.

Wolf, Th., Die Auswürflinge des Laacher See's. Schluss. Zeitschr. d. d. geol. Ges. Bd. 20. S. 1—78. N. Jahrb. f. Min. u. s. w. Jahrg. 1868. S. 501—503.

Zirkel, F., Ueber die mikroskopische Structur der Leucite und die Zusammensetzung leucitführender Gesteine. Zeitschr. d. d. geol. Ges. Bd. 20. S. 97—152. Mit 1 Taf.

Zirkel, F., Ueber die Verbreitung mikroskopischer Nepheline. N. Jahrb. f. Min. u. s. w. Jahrg. 1868. S. 697—721.

1869.

Andrä, C., Probetafeln und Originale seines Werkes über rhein.-westphälische Steinkohlenpflanzen. Verh. d. naturh. Ver. Jahrg. 26. Sitz.-Ber. S. 8. N. Jahrb. f. Min. u. s. w. Jahrg. 1870. S. 1026.

Bäumler, Ueber das Vorkommen der Eisensteine im westphälischen Steinkohlengebirge. Zeitschr. f. d. Berg-, Hütten- und Salinenwesen. Bd. 17. Abth. B. S. 426—478. Verh. d. naturh. Ver. Jahrg. 27. S. 158—261. N. Jahrb. f. Min. u. s. w. Jahrg. 1870. S. 629.

Beyrich, E., Versteinerungen von der Grube Hainau bei Wetzlar. Zeitschr. d. deutschen geol. Gesellsch. Bd. 21. S. 707.

Brandt, O., Ueber Versteinerungen und Mineralien aus Westphalen. Verh. d. naturh. Ver. Jahrg. 26. Corresp.-Blatt. S. 80—82.

Dechen, H. v., Kleines Steinwerkzeug vom Reppertsberge bei Saarbrücken. Verh. des nat. Vereins. Jahrg. 26. Sitzungsberichte. S. 109. N. Jahrb. f. Min. u. s. w. Jahrgang 1870. S. 486.

— — Anzeige des Werkes von Fuhlrott; die Höhlen und Grotten in Rheinl.-Westphalen. Ib. S. 110.

— — Steinwerkzeuge, welche sich mit menschlichen Skeletten zusammen in einem bei Trier entdeckten Grabe fanden. Ib. Corresp.-Blatt. S. 17 u. 18.

Dressel, L., Ueber die Gegend des Laacher-Sees. Verh. d. naturhist. Ver. Jahrg. 26. Sitz.-Ber. S. 182—192.

Dücker, Fr., Freih. v., Fester Kohlenwasserstoff in Klüften des Melaphyrs zu Oberstein. Zeitschr. d. deutsch. geol. Gesellsch. Bd. 21. S. 240 n. 241. N. Jahrb. f. Min. u. s. w. Jahrg. 1870. S. 1027.

— — Ueber vorgeschichtliche Spuren des Menschen in Westphalen. Verh. d. naturh. Ver. Jahrg. 26. Corresp.-Blatt S. 13—17.

Essellen, Ueber den Namen Osning als Bezeichnung des Teutoburger Waldes. Verh. d. naturh. Ver. Jahrg. 26. Corresp.-Blatt. S. 77—78.

Fuhlrott, C., Die Höhlen und Grotten in Rheinland-Westphalen. Iserlohn. 1 Taf. Anzeige im N. Jahrb. f. Min. u. s. w. Jahrg. 1870. S. 496 u. 497. Zeitschr. f. d. Berg-, Hütten- und Salinenwesen. Bd. 17. Lit. S. 36.

— — Beobachtungen in Höhlen Westphalens. Verh. d. naturh. Ver. Jahrg. 26. Corresp.-Blatt. S. 67.

— — Berichterstattung über eine Ferienexcursion in das Gebiet Westphälischer Höhlen. Ib. S. 119—133.

Goldenberg, F., Zur Kenntniss der fossilen Insekten in der Steinkohlenformation. N. Jahrb. f. Min. u. s. w. Jahrg. 1869. S. 158—168. Mit 1 Taf. Erste Mittheilung hierüber durch Geinitz in der 42. Versammlung deutscher Naturf. und Aerzte zu Dresden am 19. Sept. 1868.

Heymann, H., Mineralien aus Nassau. Verhandl. des naturh. Ver. Jahrg. 26. Sitz-Ber. S. 95 u. 96. N. Jahrb. f. Min. u. s. w. Jahrg. 1870. S. 635.

— — Ueber mitteldevonische Petrefakten aus den Phosphoritlagerstätten von Nassau. Ib. S. 222—224. N. Jahrb. f. Min. u. s. w. Jahrg. 1870. S. 493.

Hosius, Ueber einige Dicotyledonen der westphälischen Kreideformation. Palaeontogr. Bd. 17. Lief. 2. S. 89—104. 2 Taf. (1869).

— — Beiträge zur Geognosie Westfalens. Die in der Westfäl. Kreideformation vor-

kommenden Pflanzenreste. Münster. 34 S. N. Jahrb. f. Min. u. s w. Jahrg. 1870
S. 381 u. 382.

Koxmann, B., Eine Pseudomorphose von Eisenoxydhydrat nach Weissbleierz von Friedrichssegen bei Oberlahnstein. Zeitschr. d. deutsch. geol. Gesellsch. Bd. 21. S. 644—646.

— — Der Apatit von Offenheim und der Kalkwawellit von Dehrn und Ahlbach. Ibid. S. 795—806.

— — Ueber Apatit von Offenheim und ein Kalkthonerde-Phosphat von Dehrn und Ahlbach. Verh. d. naturh. Ver. Jahrg. 26. Sitz.-Ber. S. 44—46. N. Jahrb. f. Min. u. s. w. Jahrg. 1870. S. 105—106.

— — Ueber die Basaltkuppe der Dornburg im Nassau'schen. Ib. S. 79—82.

— — Ueber rothe oktaedrische Krystalle der Spinellgruppe von der Dornburg bei Frickhofen. Ib. S. 144—146. N. Jahrb. f. Min. u. s. w. Jahrg. 1870. S. 234.

Kunth, A., Beiträge zur Kenntniss fossiler Korallen (Calceola sandalina S. 666 - 680. Taf. 19). Zeitschr. d. d. geol. Ges. Bd. 21. S. 183—218. u. S. 647—688. 4 Taf. N. aahrb. f. Min. u. s. w. Jahrg. 1870. S. 251—1017.

Lasaulx, A. v., Ueber einen Kohleneinschluss in der Lava des Roderberges. Verh. d. naturh. Vereins. Jahrg. 26. Sitz.-Ber. S. 6 u. 7. N. Jahrb. f. Min. u. s. w. Jahrg. 1869. S. 401.

— — Ueber die Vertheilung des Eisens in sog. bunten oder gefleckten Schichten. (Braunrothe Sandschichten in der Nähe von Aachen. Ib. S. 46 u. 47.

Laspeyres, H., Ueber das Zusammenvorkommen von Magneteisen und Titaneisen in Eruptivgesteinen und über die sogenannten petrographischen Gesetze (Melaphyr des pfälzischen Gebirges, Palatinit). N. Jahrb. f. Min. u. s. w. v. Leonh. u. Geinitz. Jahrg. 1869. S. 513—531.

Lossen, K., Metamorphische Schichten aus der paläozoischen Schichtenfolge des Ostharzes. Mit einem Nachwort über den Sericit. (Porphyr von Bruchhausen.) Zeitschr. d. deutsch. geol. Gesellsch. Bd. 21. S. 281—340.

Ludwig, R., Die Erdbeben in der Umgegend von Darmstadt und Gr. Gerau im October und November 1869. Mittheilungen der Grossh. Hessischen Centralstelle für die Landesstatistik. Bd. 4. (No. 82.) S. 321—331.

— — Ueber die Gliederung der devonischen Formation im Dillenburgischen und Biedenkopfischen Theile des Westerwaldes. N. Jahrb. f. Min. u. s. w. v. Leonh. und Geinitz. Jahrg. 1869. S. 658—685.

Mark, W. v. d., Die nutzbaren Mineralien des Westphälischen Kreidegebirges. Verh. d. naturhist. Vereins. Jahrg. 26. S. 19—20. N. Jahrb. f. Min. u. s. w. Jahrg. 1870. S. 902—903.

— — Ueber die Kreideablagerungen im Busen von Münster. Paderborn. Verhandl. d. naturh. Ver. Jahrg. 26. Corresp.-Blatt. S. 18—20.

— — Ueber das Werk: Die fossile Flora der Steinkohlenformation Westphalens von v. Roehl. Ib. S. 78—80.

Mohr, Fr., Der Kammerbühl bei Eger und Verwandtes (Analysen rhein. Basalte). Verh. d. naturh. Ver. Jahrg. 26. Sitz.-Ber. S. 150—153.

— — Entstehung des Torfes auf dem Hohen Fenn. Ib. S. 175.

— — Versteinerte Wellen im Thonschiefer im Brohlthale. Ib. S. 176.

Noeggerath, J., Erklärung eigenthümlicher Erscheinungen an Stalaktiten der Dechenhöhle. Verh. d. naturh. Ver. Jahrg. 26. Corresp.-Blatt. S. 86 u. 87.

— — Ueber die vier jüngsten Erdbeben im Rheinlande. Ib. S. 113.

Rath, G. vom, Ueber ein neues, Amblystegit genanntes Mineral vom Laacher See. Poggend. Ann. Bd. 138 (214). S. 539—537. Verh. d. naturh. Ver. Jahrg. 26. Sitz.-Ber. S. 90. N. Jahrb. f. Min. u. s. w. Jahrg. 1870. S. 345 u. 346.

— — Ueber den Boulangerit von der Grube Silbersand bei Mayen. Poggend. Ann. Bd. 136 (212) S. 430—434. N. Jahrb. f. Min. u. s. w. Jahrg. 1869. S. 746. Verhandl. d. naturh. Ver. Jahrg. 26. Sitz.-Ber. S. 28.

Rose, G., Künstliche Bildung von Tridymit. Zeitschr. d. deutsch. geol. Gesellschaft. Bd. 21. S. 830 u. 831.

Schaaffhausen, H., Ueber die Wichtigkeit der Erforschung der Höhlen. Verhandl. d. naturh. Ver. Jahrg. 26. Corresp.-Blatt. S. 133—135.

— — Ueber fossile Knochen aus einer Gebirgsspalte bei Grevenbrück. Ib. S. 135—138.

— — Ueber vorgeschichtliche Spuren des Menschen in westphälischen Höhlen. Ib. Sitz.-Ber. S. 115—116.

— — Ueber Spuren der ältesten Ansiedelung am östlichen Ufer des Laacher Sees. Ib. S. 117—118.

— — Ueber eine römische Werkstätte in der Tuffsteingrube von J. Meurin zu Kretz bei Andernach. Ib. S. 118—119.

Schlönbach, U., Beitrag zur Altersbestimmung des Grünsandes von Rothenfelde bei Osnabrück. 2 Taf. N. Jahrb. f. Min. u. s. w. v. Leonh. u. Geinitz. Jahrgang 1869. S. 808—841.

Schlüter, Cl., Beitrag zur Kenntniss der jüngsten Ammoneen Norddeutschlands. 1. Heft. Ammonit der Senonbildungen. Bonn. 6 Taf. N. Jahrb. f. Min. u. s. w. v. Leonh. u. Geinitz. Jahrg. 1869. S. 122—123.

— — Fossile Echinodermen des nördl. Deutschlands 2 Taf. Verhandl. d. naturh. Ver. Jahrg. 26. S. 223—253. N. Jahrb. f. Min. u. s. w. Jahrg. 1870. S. 655 u. 656.

— — Ueber Enchodus halocyon aus dem Kreidemergel von Darup. Ib. Sitzungs-Ber. S. 210 u. 211.

Weiss, E., Ueber die Gliederung der Trias in der Umgegend von Saarbrücken. N. Jahrb. f. Min. u. s. w. v. Leonh. u. Geinitz. Jahrg. 1869. S. 215—219.

— — Fossile Flora der jüngsten Steinkohlenformation und des Rothliegenden im Saar-Rhein-Gebiet. Bonn. Th. 1. 12 Taf. Verh. d. naturh. Ver. Jahrg. 26. Sitz.-Ber. S. 197. und 198. N. Jahrb. für Min. u. s. w. Jahrgang 1870. Anzeige S. 209—211. Ibid. S. 373—375.

— — Ueber die Entwickelung des Muschelkalks an der Saar, Mosel und im Luxemburgischen. Zeitschr. d. deutsch. geol. Gesellsch. Bd. 21. S. 837—849.

— — Ueber Augenkohle von Saarbrücken. Verh. d. naturh. Ver. Jahrg. 26. Sitz.-Ber. S. 25—27.

— — Ueber seine geologischen Kartenaufnahmen in der Gegend von Saarbrücken. Ib. S. 218—221.

— — Ueber Grauwackenversteinerungen von der Hohenreiner Hütte bei Nieder-Lahnstein. Ib. S. 43.

Zirkel, Ferd., Ueber die mineralogische Constitution der in der Umgegend des Laacher Sees und der Eifel vielverbreiteten Basaltlaven. Verh. d. naturh. Ver. Jahrg. 26. Corresp.-Blatt. S. 117—118.

1870.

Andrä, C., Ein angeblicher Diamant von Balduinseck bei Castellaun. Verhandl. des naturh. Ver. Jahrg. 27. Sitz.-Ber. S. 141.

Andrä, *C.* Die Farn-Gattung Neuropteris und einige Arten derselben. Ib. S. 141 und 142.

— — Schachtelhalmähnliche Pflanzen aus dem Steinkohlengebirge. Ibid. Corresp.-Blatt. S. 60.

— — Eine Feuersteinwaffe aus der Clusensteiner Höhle. Ib. S. 61.

Anonym. Commissionsbericht über Westphälische Renuthierfunde. Zeitschr. f. Ethnol. Berl. Jahrg. 2. Heft 4. S. 347.

Böttger, *O.*, Neue Conchylien des Mainzer Tertiärbeckens. Palaeontogr. Bd. 19. Lief. 2. S. 47—101. Mit 6 Taf.

Dechen, *H. v.*, Streitaxt aus Jade von Wesseling. Verhandl. d. naturh. Ver. Jahrg. 27. Sitz.-Ber. S. 4.

— — Kleines Steinwerkzeug von Bleialf. Ib. Sitz.-Ber. S. 63.

— — Ein fossiler Knochen von Mayen. Ib. S. 214.

— — Erläuterungen zur geologischen Karte der Rheinprovinz und der Provinz Westphalen, sowie einiger angrenzenden Gegenden. Bd. 1. Bonn, auch unter dem Titel: Orograph. und Hydrograph. Uebersicht u. s. w.

Dechen, *H. v.* u. *v. d. Mark*, Ortstein in der Senne. Verhandl. d. nat. Ver. Jahrg. 27. Sitz.-Ber. S. 40.

Dressel, *L.*, Hauyn in Lavaschlacken des Hochsimmers und in dichter Lava des Lorenzfelsens am Laacher See. N. Jahrb. f. Min. u. s. w. Jahrg. 1870. S. 213.

— — Mittheilungen über den Laacher See. Ib. S. 559—584.

— — Scheidberg. Kalkstein als Auswürfling des Laacher See's. Ib. S. 585—587.

Dronke, *A.*, Ueber den Bodenstein in einem Hochofen. Verhandl. d. naturh. Vereins Jahrg. 27. Sitz.-Ber. S. 207.

Dücker, *Fr.*, *Freih. v.*, Westphälische Höhlenfunde. Corresp.-Blatt d. deutsch. Gesellsch. für Anthrop. Ethn. und Urgesch. Red. v. Semper 1870. Braunschweig. No. 3. S. 22.

— — Vorgeschichtliche Spuren des Menschen in Westphalen. Verhandl. d. naturh. Ver. Jahrg. 27. Sitz.-Ber. S. 75—78.

Fabricius, *N.*, Silbererze von der Gonderbach. Ib. Sitz.-Ber. S. 154.

Fuhlrott, *C.*, Eine neu entdeckte Höhle bei Barmen. Ib. S. 208.

Göbel, *F. H.*, Die Rheinländischen Erdbeben von 1869. Ihre Veranlassung, Wirkung und Ausdehnung. Lief. 1. Wiesbaden. S. 76.

Goldenberg, *Fr.*, Zwei neue Ostracoden und eine Blattina aus der Steinkohlenformation von Saarbrücken. 5 Holzschn. N. Jahrb. für Min. u. s. w. Jahrgang 1870. S. 286—289.

Heymann, *H.*, Sericitische Gesteine an der Mosel. Verhandl. d. naturh. Ver. Jahrg. 27. Sitz.-Ber. S. 215—216. N. Jahrb. f. Min. u. s. w. Jahrg. 1871. S. 57 u. 58.

— — Fischreste aus dem Posidonomyenschiefer Nassaus. Ib. S. 216—217. N. Jahrb. f. Min. u. s. w. Jahrg. 1871. S. 538 u. 539.

Jordan, *H.*, Archegosaurus von Lebach. Ib. Corr.-Bl. S. 45.

Kayser, *E.*, Das Devon in der Gegend von Aachen und in der Eifel. Ib. S. 61—64.

— — Studien aus dem Gebiete des Rheinischen Devon. Zeitschr. d. d. geol. Ges. Bd. 22. S. 841—852. N. Jahrb. f. Min. u. s. w. Jahrg. 1871. S. 433—434.

Klier, Geognostische Karte des Saarbrücker Steinkohlengebirges mit Darstellung der einzelnen Gesteinsschichten. Verh. des nat. Ver. Jahrg. 27. Corr.-Blatt S. 67—69.

Lasaulx, *A. von*, Blendekrystalle von Unkel. Ib. Sitz.-Ber. S. 133—134.

Laspeyres, H., Das fossile Phyllopoden-Genus Loaia R. Jones. Zeitschr. d. d. geol. Ges. Bd. 22. S. 733. 1 Taf. N. Jahrb. f. Min. u s. w. Jahrg. 1870. S. 922.

Ludwig, R., Fossile Pflanzenreste aus der paläolithischen Formation der Umgegend von Dillenburg, Biedenkopf u. s. w. Palaeontogr. Bd. 17. Lief. 3. S. 105—128. 11 Taf.

— — Korallenstöcke aus paläolithischen Formationen. (Wissenbach.) Ibid. S. 129. Mit 2 Tafeln.

— — Section Gladenbach, geol. Karte des Grossh. Hessen, mit Text. Darmstadt

Mark, W. v. d., Devonische Korallen im Labradorporphyr Brilons. Verh. d. naturh. Vereins Jahrg. 27. Corr.-Bl. S. 53—54.

Mohr, Fr., Die vulkanischen Erscheinungen zu Bertrich. Ib. Sitz.- Ber. S. 120—130.

Noeggerath, J., Die Erdbeben im Rheingebiet in den Jahren 1868, 1869 und 1870. Verh. d. naturh. Ver. Jahrg. 27. S. 1—132. Auch besonders abgedruckt. Bonn.

— — Ueber Septarien mit Bitterspathrhomboedern. Ib. Corr.-Bl. S. 48.

Rammelsberg, C., Ueber den Olivinfels vom Dreiser Weiher. Poggend. Ann. d. Phys. u. Chem. Bd. 151 (217). S. 513—519. 1870.

Rath, G. vom. Babingtonit von Herbornseelbach in Nassau. Ibid. Sitz.-Ber. S. 130. Pogg. Ann. Erg. Bd. V. S. 420—424. N. Jahrb. f. Min. u. s. w. Jahrg. 1871. S. 513—514.

— — Ilvait aus Nassau. Poggend. Ann. Erg. Bd. V. S. 424—427. N. Jahrb. f. Min. u. s. w. Jahrg. 1871. S. 514.

— — Amblystegit von Laach. Verh. d. naturh. Ver. Jahrg. 27. Sitz.-Ber. S. 159.

— — Absonderungsformen des Basalts am Scheidsberg. Ib. S. 60.

— — Monazit (Turnerit) vom Laacher See. Ib. S. 189—194. Sitz.-Ber. d. Bayer. Akad. d. Wiss. 1870. II. 3. N. Jahrb. f. Min. u. s. M. Jahrg. 1871. S. 172—173.

Rolle, Fr., Ueber Mineralquellen und Erdbeben (Taunus und Gr. Gerau) Taunusbote 1870. No. 35—43. N. Jahrb. f. Min. u. s. w. Jahrg. 1870. S. 788 u. 789.

Sandberger, F., Ankündigung von Analysen Nassauischer Diabasen durch Senfter. N. Jahrb. f. Min. u. s. w. Jahrg. 1870. S. 988.

Schaaffhausen, H., Steinwerkzeuge und fossile Knochen aus den Höhlen des Hönnethals. Verhandl. d. naturh. Ver. Jahrg. 27. S. 111—114.

Schlüter, Cl. Kreidemollusken von Ernest Favre. Ib. S. 131.

— — Neue fossile Echiniden. Ib. S. 132.

— — Riesenammoniten der oberen Kreide. Ib. S. 133.

— — Spongitarienbänke aus der Kreide. Ib. S. 139—141.

Simonowitsch, von, Bryozoen des Essener Grünsandes. Ib. S. 191.

— — Asterien der Rheinischen Grauwacke. Ib. S. 194.

— — Ueber Thalamopora. Ib. Corr.-Bl. S. 65—67.

Troschel, F. H., Ein Knochen aus der Erdschicht über den Geröllagern bei Bonn. Ib. Sitz.-Ber. S. 5.

Virchow, R., Ueber einen Besuch der Westphälischen Knochenhöhlen. Zeitschrift für Ethnologie. Organ d. Berl. Ges. f. Anthrop., Ethnol. u. Urgesch. Unter Mitwirk. d. zeit. Vors. ders. R. Virchow herausgeg. von A. Bastian und R. Hartmann. Jahrg. 2. Heft 1. S. 358—367.

— — Ueber westphälische Höhlen, besonders der Balver Höhle. Corresp.-Blatt d. d. Gesellsch. für Anthrop., Ethn. und Urgesch. Red. v. Semper. 1870. Braunschweig. No. 5. S. 34.

Weiss, E., Ueber Tylodendron speciosum aus dem Saar-Rhein-Gebiete. Verh. d. nat. Ver. Jahrg. 27. Sitz.-Ber. S. 47 u. 48. N. Jahrb. f. Min. u. s. w. Jahrg. 1870. S. 798.

Weiss, E., Die fossile Pflanzengattung Noeggerathia nach Zeichnungen von Goldenberg. Ib. S. 63—65. N. Jahrb. f. Min. u. s. w. Jahrg. 1870. S. 798 u. 799.

— — Fortsetzung der fossilen Flora des Saar-Rheingebietes. Ib. S. 214.

— — Die geognostischen Verhältnisse der Umgegend von Saarbrücken. Ib. Corr.-Bl. S. 50—51.

— — Mittheilung über die Gattung Noeggerathia und Cordaites. Ib. S. S. 79.

Wilms, Fossile menschliche Knochen und Schädel aus der Gegend von Münster. Verhandl. d. naturh. Ver. Jahrg. 27. Corr.-Bl. S. 53.

Zirkel, F., Mikromineralogische Mittheilungen. N. Jahrb. für Min. u. s. w. v. Leonh. u. Geinitz. 1870. S. 802—832.

— — Untersuchungen über die mikroskopische Zusammensetzung der Basaltgesteine. 3 Taf. 208 S. Bonn. (Vielfach Gesteine aus den Rheingegenden.) Anzeige N. Jahrb. f. Min. u. s. w. Jahrg. 1870. S. 358—361.

Alphabetisches Verzeichniss der Autoren.

Achenbach 6.
Agassiz, L. 20.
Albers 43.
Alfter 48.
Alpen, van 8.
Amelung, C. G. 46.
Amsler, C. 33.
Andrä, C. J. 65. 67—69. 72.
74. 77. 79. 84. 87.
Andreä 19.
Anonym 1. 6. 11. 12. 17. 24.
26. 28. 30. 40. 43. 46. 48.
55. 57. 72. 83. 86. 87.
Arlt 77.
Arndts, A. W. 10. 12. 21.
Aschenberg, W. 5.

Baeumler 84.
Baillet 3.
Banning, J. F. 55.
Bardeleben, H. 74.
Barnstedt, A. E. J. 28.
Bartels, C. G. 29.
Bauer, A. 25.
Bauer (Gummersbach) 43.
Baumert, F. M. 57.
Baur, Ferd. 36. 60.
Becher, J. Ph. 2. 3. 12.
Becker, F. 36.
Becker L. 36.
Becks, F. C. 16. 21. 22. 24.
—27.
Beissel, Ign. 55. 57. 60. 74.
Beissenhirtz, 19.
Benningsen-Föder. R. v. 27.
50.
Benzenberg, J. F. 5. 19. 20.
Bergemann, C. (Vater) 11.
12. 17. 31.
Bergemann, C. 19. 55. 57.
58. 60.
Berger, R. 33.
Berghaus, H. 14.
Beroldingen, Fr. Freih. v. 3.
Beurard, J. B. 4. 8
Beuth, F. 1.
Beyrich, E. 23. 24. 31. 50.
58. 60. 72. 84.
Bischof, C. 48. 74.
Bischof, G. 14—16. 18. 21.
23. 24. 28. 29. 31. 34. 38. 40.
43. 48.

Bleibtreu, Herm. 14.
Bluhme, R. 79.
Blumhof, J. G. L. 6.
Bode, F. 46.
Boedecker, C. H. D. 50.
Boegner, J. 31.
Boehm, L. 60.
Boelsche, W. 77.
Boettger, O. 69. 87.
Bonnard, A. H. 6. 10.
Boué, A. 18.
Bouesnel 7.
Braeucker, T. 63.
Brandes, R. 10, 11. 14. 15.
18. 20. 22. 24.
Brandes, W. 20. 22.
Brandt, O. 72. 74. 84.
Braun, M. 23. 55.
Bretz 65.
Brongniart, Ad. 17.
Bronn, H. G. 17—19. 21. 23.
24. 38.
Buch, L. v. 12. 36. 40. 46.
Büchner, A. W. 15.
Buff, L. C. 12. 16. 17. 20.
Bunsen, R. 21.
Burat, A. 34.
Burkart, J. 15. 29. 46. 53.
Burmeister H. 39.

Calmelet, F. T. 6. 7. 8.
Cancrinus, F. L. 1.
Carl, F. 58.
Carnall, R. v. 31. 34.
Casselmann, W. 46. 60. 63.
Castendyck, W. 40. 46. 48.
50. 53.
Castringius, L. 4.
Cavillier 4.
Chapuis, F. 46. 58.
Clère, J. F. 7. 8. 9.
Collini, C. 1. 2.
Cotta, B. v. 60. 63.
Cramer, L. W. 3. 4—6. 8. 10.
Credner, H. 67. 74.

Damour, A. A. 28.
Dartigues 6.
Dauber, H. 55.
Debey, M. H. 31. 34. 40. 41.
60. 74.
Dechen, H. v. 12. 14. 16. 27

—31. 34. 36. 39—41. 43.
46. 48. 50. 51. 53. 55. 56.
58. 61. 63. 65. 67. 69. 72.
74. 77. 79. 81. 84. 87.
Deicke, H. 61.
Deiters, M. 65—67.
Delesse, A. 36. 41.
Dellmann, F. 31.
Deluc, J. A. 2.
Deneke 63.
Dethier 5.
Dewalque, G. 46. 48. 53. 56.
Dieffenbach, E. 46. 53.
Diesterweg, C. 72. 77.
Dippel, L. 58.
Dörring, J. 1.
Dohrn, A. 77. 79. 81.
Dolffs, G. v. 19.
Dollfuss, A. 51.
Dressel, L. 77. 84. 87.
Dreves, F. 21. 22. 25.
Dronke, A. 81. 87.
Dücker, F. F. Freih v. 58.
63. 72. 84. 87.
Duhamel J. P. F. 4.
Dubr, J. 30.
Dumont, A. 25. 46.
Dunker, W. 23. 30. 41.

Echterling 15.
Egen, P. N. C. 15. 17.
Eglinger, A. 53.
Ehrenberg, C. G. 24. 27. 28.
30. 34. 46. 51. 61.
Eichwald, E. v. 41.
Elsner, L. 30.
Engelhardt 61.
Engelhardt, M. v. 9.
Engelmann 24.
Engels, J. D. G.
Engelspach-Larivière, A. 17.
Engstfeld, E. 36.
Erbreich, L. 16. 22.
Erlenmeyer, A. 51.
Essellen 84.
Ettingshausen. A. v. 56. 60. 81.
Eulenberg, H. 53.
Evers, F. A. 51.
Eversmann, F. A. A. 5.
Ewald, J. 63. 77.
Ewich, O. 41. 43. 51. 56.

Fabricius, N. 87.
Faujas de St. Fond, Barth. 4—6.
Ferber, J. J. 2.
Fiedler; H. 56.
Fiedler, K. G. 9.
Fischer, W. 43. 53. 58.
Flad, J. D. 2.
Fleck, H. 75. 76.
Förstemann, F. C. 27. 46. 61.
Forster, G. 3.
Fresenius, R. 34. 39. 41. 43. 51. 53. 58. 63. 77. 81.
Frick, H. 22.
Friedlieb, J. B. 48.
Fröhlich 4.
Fuhlrott, C. 58. 61. 81. 84. 87.

Gebel 56.
Geinitz, H. B. 87. 39. 41. 72. 74—76. 79.
Gergens, F. 27. 53. 58. 66.
Gerlach, G. 82.
Germar, E. F. 37.
Giebeler, W. 58.
Gilbert, L. W. 5.
Girard, H. 34. 43.
Glaser. 17.
Glidt, H. 18.
Gmelin, L. 15. 22.
Göbel, F. H. 87.
Göppert, H. R. 22. 24. 25. 27. 30. 31. 34. 37. 39. 41. 43. 48. 67. 72.
Goldenberg,F. 27. 31. 34. 44. 49. 51. 58. 84. 87.
Goldfuss, A. 10. 12. 17. 20. 24. 25. 31. 84. 44.
Grandidier 41. 56.
Grandjean, M. C. 27. 30. 31. 37. 41. 44. 77. 82.
Greim 58.
Grimm, Chr. 39.
Grooss, A. 61. 68. 69. 77. 79.
Grossmann 58.
Grüneberg 80.
Gruner, Th. 14.
Gümbel, C. W. 30. 34. 39. 61. 75.
Gümbel, Th. 25.
Günther, J. F. 13. 17.
Gurlt, A. 66. 72.
Gutberlet, K. W. 49. 51

Habel, Chr. F. 4.
Haedenkamp, H. 21.
Hagen, H. A. 56. 58. 60.
Hahn, O. 69.
Hallmann, E. 49.
Hamilton, W. 2.
Hamilton, W. J. 49.
Harless, C. F. 16.
Hartig, E. 75. 76.

Hausmann,J.F.L. 6. 13. 21.
Hauy, R. J. 5.
Heine, Th. 66.
Heintz, P. C. 13.
Herbst, G. 58.
Herget, E. 70. 77.
Herold, G. H. 44.
Hess, L. C. 37.
Hessel, H. 20. 39.
Heyden, C. v. 61. 63. 68. 75. 77.
Heyden, C. H. G. v. 53.
Heyden, L. v. 75. 77.
Heymann, Herm. 66. 68. 70. 72. 75. 77. 78. 80. 82. 84. 87.
Hibbert, S. 20.
Hibeck, A. 80.
Hildebrandt, E. 61.
Hilt, C. 75.
Hjelt, O. 61.
Himly, K. 23.
Höchst, J. 75.
Hönninghaus, F. W. 13. 24. 32. 37.
Hörling 56.
Hövel, Fr. v. 5. 6. 9. 11. 13.
Hoffmann, Fr. 14. 15. 18. 19.
Hoiningen, Freih. A. v. gen. Hüene 44. 54. 72.
Horner, L. 20—22.
Horstmann. S. 27.
Hosius 46. 54. 58. 63. 84.
Hüene, A. v. (derselbe w. o.)
Hüpsch,J.W.A. Freih. v. 1.2.
Humboldt, A. Freih. v. 3. 58.
Hundt, Th. 68.
Huxley, F. H. 68.
Huyssen, A. 61.

Jacob, Th. 49. 51.
Jacquot, E. 47. 56.
Ibell 41.
Jochheim, P. 58.
John, J. F. 10.
Jones, R. 68.
Jordan, H. 32. 37. 44. 49. 57.
Jordan, J. L. 5.
Jung, C. 24.
Jung, W. 58. 70. 80.
Jukes-Beete, J. 78.

Kalle, W. 59.
Kapp, Chr. 20. 22.
Karsten C. J. B. 15.
Karsten, D. G. L. 4.
Kastner, K. W. G. 16—19.
Kauth, Fr. 80.
Kayser. 75.
Kayser, E. 87.
Keferstein, Chr. 9. 10. 11. 16.
Keferstein, W. 56.
Kerner, G. 54.
Kersten, C. 15.

Kjerulf, Th. 54.
Klaproth, M. H. 6.
Klipstein, A. v. 20. 22. 23. 27. 44. 47.
Klipstein, P. E. 2.
Kliver, 87.
Kliver, H. 68.
Kner, R. 80. 82.
Koch, C. 56. 59. 61. 63. 68. 78.
Koonen, A. v. 78.
Kortum, C. G. 4.
Kosmann, B. 82. 85.
Kraemer, H. 56.
Krantz, A. 55. 56. 61. 78. 80.
Kreusler 34.
Krüger 15.
Küper, C. 54.
Kunth, A. 85.

Lange, G. 82.
Langer, J. H. S. 3.
Laroche, H. von 14.
Lasard, Ad. 72. 80. 82.
Lasaulx, A. v. 85. 87.
Laspeyres, H. 75. 78. 80. 82. 85. 88.
Laubmann, H. 82.
Locke, F. 9.
Lehmann, L. 54. 56.
Lenoir 5.
Leonhard, G. 25. 26.
Leonhard, K. C. v. 6. 7. 23.
Levallois, J. B. J. 24.
Lowinstein, G. 54.
Liebig, J. Freih. v. 29.
Lindenborn, A. 50.
List, K. 39. 44. 68.
Löh, M. J. 29.
Lorsbach, W. 70.
Lossen, C. 80. 85.
Lottner, F. H. 59. 61. 70.
Ludwig. R. 47. 49. 51. 56. 57. 59. 61—63. 65. 68. 70. 72. 73. 75. 78. 80. 85. 88.
Ludwig, W. 80.
Lütke, F. 27.
Lyell, Ch. Bar. 22.

M. S. v. 29.
Manès 10.
Mark, W. v. d. 37. 41. 44. 47. 49. 51. 54. 59. 62. 63. 68. 70. 72. 75. 78. 80. 82. 85. 88.
Marquart, Cl. 82.
Masson. C. F. P. 6.
Mayor 49.
Menke, K. Th. 14. 21. 44. 64.
Merk, J. H. 2.
Merian, P. 10.
Mettenheimer, W. 15.

Meyer, H. v. 20. 24—30. 34.
  39. 41. 44. 47. 49. 51. 54.
  59. 62. 64. 70. 72. 80.
Mitscherlich, A. 64.
Mitscherlich, E. 37. 49. 75.
Mitscherlich, R. 70.
Möller, F. W. v. 32. 37. 48.
Mohr, F. 22. 70. 78. 81. 82.
  85. 88.
Monheim, J. P. J. 7. 19.
Monheim, V. 29. 32. 34. 35.
  37.
Mosler, Chr. 76.
Müller 57.
Müller, E. 64.
Müller, F. 35.
Müller, Joh. 54. 59.
Müller, Jos. 28. 32. 35. 37.
  41. 42.
Murchison, R. J. Bar. 26. 28.

Nau, B. S. v. 9. 13. 16.
Nauck 47. 59.
Neubauer, C. 51.
Neumann 20.
Noeggerath, A. 71.
Noeggerath, J. 6—23. 25—
  30. 32. 33. 35. 37—39. 42.
  44. 47. 49. 51. 52. 54. 57.
  59. 62. 64. 66. 68. 71. 73.
  76. 82. 83. 85. 88.
Noeggerath, M. 54.
Nose, C. W. 3. 4. 7. 9.

Odernheimer, F. 76.
Oeynhausen, C. v. 13. 14. 16.
  27. 33.
Oeynhausen, Fr. v. 11. 12.
Oker, A. 62.
Oleire, H. d'. 23.
Omalius d'Halloy, J. B. J. 6.
  18.
Orville, W. d'. 59.
Overweg, Ad. 33.
Overzier, L. 83.

Petazzi, F. 8.
Petersen, Th. 81.
Philippi, C. W. 44. 52.
Pictet (-Turretini), M. A. 11.
Piderit 24.
Pieler, F. 49.
Plänkner, J. v. 21.
Plagge 22.
Plattner, C. F. 45.
Polstorf 49.
Pomel, A. 35.
Poulett-Scrope, G. 16.
Prieger, H. 57.
Prieger, J. E. P. 23.

Quenstedt, F. A. v. 66.

Rammelsberg, C. 26. 62. 88.
Rath, G. vom. 59. 64. 66. 68.
  71. 73. 78. 83. 86. 88.
Ratzeburg, J. T. C. 26.
Raumer, K. v. 9.
Ravenstein, A 26.
Reiter 71.
Reumont, A. 62.
Reumont, G. 7.
Reuss, A. E. 47. 62. 64.
  68. 73.
Reuter, L. 33.
Reynaud, J. 20.
Rhodius, R. 33. 35. 38.
Riegel, E. 27.
Riemann, A. W. 68.
Rimrod, F. A. 7.
Ritter, G. H. 4. 5.
Rivot, E. 80.
Roch, H. 49.
Röhl, v. 60. 62. 66. 78. 83.
Röhr, R. 61.
Rode, J. G. 9.
Römer, Ferd. 28. 29. 35. 38.
  —40. 42. 45. 47. 49. 50.
  52. 54. 55. 57. 60. 71. 73.
Rönne, O. v. 76.
Rolle, F. 40. 42. 45. 79. 88.
Rosbach, H. 69.
Rose, G. 35. 42. 73. 86.
Roth, H. 52. 55.
Roth, J. 76.

Sack 50.
Sack, L. A. 20.
Salm-Horstmar, F. W. Fürst
  zu, 13. 26.
Sandberger, F. 27. 29. 30.
  33. 36. 40. 42. 45. 47. 50.
  52. 54. 60. 62. 66. 71. 76.
  81. 83. 88.
Sandberger, G. 26. 27. 33.
  38. 42. 52. 55. 57. 62.
  64. 66.
Schaaffhausen, Herm. 57. 68.
  71. 73. 76. 79. 86. 88.
Schäffer, J. R. 42.
Scharff, F. 47. 62. 83.
Schauer 60.
Schlönbach, U. 79. 86.
Schlotheim, E. F. Freib. v.
  5. 10.
Schlüter, Cl. 64. 69. 73. 76.
  79. 81. 83. 86. 88.
Schmid, E. 71.
Schmid, E. E. 73.
Schmidt, Fr. 12. 21. 23. 36.
Schmidt, J. 5.
Schmidt, J. Ch. L. 10. 12.
  13. 16.
Schmidt, J. F. J. 45.

Schmidt, W. 71.
Schmit 50.
Schmitt, Ph. 24.
Schnabel, C. 35. 36. 38. 40.
  42. 48.
Schnabel, O. 62.
Schneider, C. 8. 13. 16. 23.
Schneider, J. 50.
Schnur, J. 48. 55.
Schober 48.
Schönebeck, J. B. C. 2.
Schreiber 57.
Schreiber, J. Gottfr. 3. 4.
Schülke. 76. 81.
Schultze, L. 79.
Schulz, A. 45.
Schulze, W. 8. 9—11. 18.
Schweinsberg, H. 19.
Schweizer, F. 25.
Sedgwick, A. 26. 28.
Seibert 69.
Selbach, K. 79. 81.
Senff, C. Th. 8.
Simonowitsch, von. 88.
Sparre, J. v. 81.
Spengler, S. 55. 64.
Speyer, O. 81.
Steeg 71.
Steifensand 29.
Stein, C. A. 42. 45. 73. 76.
  81. 83.
Stein, R. 64.
Steininger, J. 9—11. 13. 16.
  18. 19. 23. 25. 48.
Stengel, A. 11. 12.
Sternberg, Casp. Graf v. 10.
Stifft, C. E. 6. 8. 12. 14.
  18. 19.
Stippler, J. 67.
Strack, W. 9.
Strombeck, A. v. 21. 60. 62.
Stromeyer, A. 64.
Stromeyer, Fr. 7.
Stucke, K. H. 3. 4.
Suchsland, R. 60.
Suckow, G. A. 1. 2. 3.
Syder, F. 40.

Tamnau 64.
Tasche, H. 71.
Thilenius, G. 43.
Thomae, C. 22. 26. 38.
Tischbein 30.
Trainer 65.
Trautwein, L. 48.
Trembley, A. 1.
Triger 60.
Troschel, F. H. 43. 48. 50.
  55. 57. 60. 62. 65. 67.
  69. 71. 88.

Ullmann, J. Chr. 5. 8.

Varrentrapp, F. 25.
Vauquelin, L. N. 3.
Velten, W. 83.
Virchow, R. 88.
Vogel, C. 38. 65.
Vogelsang, H. 73. 81.
Vogler 25.
Vohl, H. 76.
Voigt. J. E. W. 2
Volger, O. 65.
Vollpracht, F. 57.
Voltz, F. 43. 45. 48.

Wagener, R. 65. 73. 74.
Wagner, C. 76.
Walchner, F. A. 45.
Walferdin, F. H. 55.
Walther, Ph. v. 14.
Warmholz, A. 23.

Weawer, Th. 25.
Weber, C. O. 38. 43. 45. 48. 52. 57. 60. 65. 67—69.
Wegeler, F. G. 10.
Wegeler, Jul. 57. 67. 69.
Weinkauff, H. C. 65. 76.
Weiss, Ch. E. 65. 67. 69. 71. 74. 76. 79. 81—83. 86. 88. 89.
Wenkenbach, F. 67. 76.
Wernekinck, F. Chr. G. 12.
Werner, J. T. 5.
Wessel, Ph. 50. 52. 55.
Westermann 82.
Westrumb, F. 18. 19.
Wiggers, A. 22.
Wildenstein, R. 40. 50.
Wille, G. A. 18.
Wilms 89.
Winnecke, A. 83.

Winzingerode. v. 83.
Wirtgen, Ph. 24. 33. 36. 40. 43. 45. 50. 52.
Wöhler. F. 23.
Wohlwerth, M. 79.
Wolf, Th. 76. 81. 88.
Württenberger, G. 76.
Wurzer, F. 3. 14.
Wyck, H. J. Freih. v. d. 16. 23. 24.

Zaddach, C. G. 43.
Zehler, J. G. 23.
Zeiler, F. 40. 43. 45. 50. 52. 55. 57.
Zimmermann, K. G. 48.
Zirkel, Ferd. 63. 67. 69. 72. 81. 83. 84. 86. 89.
Zitterland 23. 33.

Druckfehler.

S. 14. Z. 18. v. o. H. von Laroche anstatt G. v. Laroche.
» 16. » 3. v. o. Poulett-Scrope anstatt Scrope.
» 18. » 23. v. u. Grand-duché de anstatt Grand-du chéde.
» 19. » 4. v. o. Kastner anstatt Karsten.
» 19. » 13. v. u. genommenen anstatt genommenne.
» 24. » 18. v. o. Goldfuss, A. anstatt Goldfuss, B.
» 50. » 17. v. o. Wildenstein anstatt Wildenstern.
» 51. » 16. v. o. Goldenberg, F. anstatt Goldenberg, T.
» 55. » 2. v. u. von anstatt vom.
» 58. » 1. v. o. Phosphor anstatt Phospher.
» 63. » 14. v. u. List anstatt Lisst.
» 74. » 24. v. o. Bischof anstatt Bicchof.